essentials

Essentials liefern aktuelles Wissen in konzentrierter Form. Die Essenz dessen, worauf es als „State-of-the-Art" in der gegenwärtigen Fachdiskussion oder in der Praxis ankommt, komplett mit Zusammenfassung und aktuellen Literaturhinweisen. Essentials informieren schnell, unkompliziert und verständlich

- als Einführung in ein aktuelles Thema aus Ihrem Fachgebiet
- als Einstieg in ein für Sie noch unbekanntes Themenfeld
- als Einblick, um zum Thema mitreden zu können.

Die Bücher in elektronischer und gedruckter Form bringen das Expertenwissen von Springer-Fachautoren kompakt zur Darstellung. Sie sind besonders für die Nutzung als eBook auf Tablet-PCs, eBook-Readern und Smartphones geeignet.

Essentials: Wissensbausteine aus Wirtschaft und Gesellschaft, Medizin, Psychologie und Gesundheitsberufen, Technik und Naturwissenschaften. Von renommierten Autoren der Verlagsmarken Springer Gabler, Springer VS, Springer Medizin, Springer Spektrum, Springer Vieweg und Springer Psychologie.

Ulrich Hamenstädt

Politik und Film

Ein Überblick

Springer VS

Dr. Ulrich Hamenstädt
Institut für Politikwissenschaft
Universität Münster
Münster
Nordrhein-Westfalen
Deutschland

ISSN 2197-6708　　　　　　　ISSN 2197-6716 (electronic)
essentials
ISBN 978-3-658-12559-2　　　ISBN 978-3-658-12560-8 (eBook)
DOI 10.1007/978-3-658-12560-8

Die Deutsche Nationalbibliothek verzeichnet diese Publikation in der Deutschen Nationalbibliografie; detaillierte bibliografische Daten sind im Internet über http://dnb.d-nb.de abrufbar.

Springer VS

Gedruckt auf säurefreiem und chlorfrei gebleichtem Papier

Springer Fachmedien Wiesbaden ist Teil der Fachverlagsgruppe Springer Science+Business Media
(www.springer.com)

Was Sie in diesem essential finden können

- Einen Überblick zu Veränderungen in Filmen und Fernsehserien, sowie eine Diskussion der veränderten Mediennutzung – dies erlaubt neue Zugänge und Einblicke in die Verbindung von Politik und Film
- Dass Filme immer auch ein Spiegel gesellschaftlicher Ängste und geopolitischer Gefahrenwahrnehmungen sind
- Dass Medien allgemein nicht nur eine Darstellungsfläche für Politik bieten – gleichzeitig wird auch Politik in Filmen dargestellt
- Warum Filme oftmals als unpolitisch erscheinen, wenngleich sie sich in vielfältiger Weise auf politische und gesellschaftliche Sachverhalte beziehen
- Ideen und Herausforderungen, wie Filme in der politischen Bildungsarbeit genutzt werden können

Inhaltsverzeichnis

Einleitung

1

Zusammenfassung

Über die mediale Inszenierung von Politik wird in den letzten Jahren viel diskutiert. Filme und Fernsehserien stehen seit einiger Zeit ebenfalls im Fokus der Aufmerksamkeit, denn sie vermitteln oftmals spezifische Sichtweisen auf politische Sachverhalte. Nicht zuletzt wird durch das Fernsehen die Wahrnehmung von Politik geprägt; Fernsehen ist aber gleichzeitig auch immer ein Spiegel gesellschaftlicher Ansichten von Politik. In dieses vielschichtige Zusammenspiel von Politik und Film wird das vorliegende: Springer essential einführen, sowie einen Überblick zum Stand der Debatte geben.

In Bezug auf Politik wird oftmals von einer zunehmenden Inszenierung von Politikerinnen und Politikern gesprochen. Wahlkämpfe und politische Entscheidungen scheinen aus dieser Sicht ebenfalls stärker auf ihre mediale Wirkung ausgerichtet zu werden. Politikerinnen und Politiker zieht es jedoch bereits seit Jahren auch in Filmen und Fernsehserien vor die Kameras. Mitunter waren Politikerinnen und Politiker vor ihrem Einzug in öffentliche Ämter im Filmgeschäft erfolgreich, der ehemalige US-Präsident Ronald Reagan oder Gouverneur Arnold Schwarzenegger sind zwei prominente Beispiele. In Deutschland hatte Gerhard Schröder als damaliger Ministerpräsident und Bundeskanzlerkandidat einen Kurzauftritt in *Gute Zeiten, schlechte Zeiten* (seit 1992). Auch Frank-Walter Steinmeier spielte sich selbst in der Filmkomödie *Stromberg – Der Film* (2014). Umgekehrt wurde während der Wahlen in Australien 2013 der spätere Ministerpräsident Anthony J. Abbott via Photoshop auf den Eisernen Thron von Westeros gesetzt – ein Thron, der in der HBO Serie *Game of Thrones* (seit 2011) vorkommt. Der bekannte Ausspruch aus der Serie „Winter is coming" wurde in diesem Kontext genutzt, um die Befürchtungen vieler Menschen in Bezug auf Kürzungen sozialstaatlicher Leistungen zum Ausdruck zu bringen.

© Springer Fachmedien Wiesbaden 2016   1
U. Hamenstädt, *Politik und Film,* essentials, DOI 10.1007/978-3-658-12560-8_1

Diese Beispiele zeigen bereits, wie eng die Verbindung zwischen Politik und Film sein kann. Diese Verbindung ist immer auch vielschichtig: In der *Bilderpolitik* geht es meist um die (un-)bewusste Schaffung von *images* – ein Wort, welches im Englischen nicht nur das Bild selber bezeichnet, sondern gleichzeitig auch dessen Bewertung durch Betrachterinnen und Betrachter. Diese Bewertungen von Bildern und die damit verbundenen Emotionen spielen für die Politik eine wichtige Rolle. Seitdem es bewegte Bilder gibt, macht sich Politik diese zu Eigen und muss doch gleichzeitig ihrerseits auf die Herausforderungen der Medienlandschaft reagieren. Zum einen wird die Aneignung von Bildern durch Politik deutlich, wenn beispielsweise Nachrichten des südkoreanischen Fernsehens gezeigt werden, oder wir einen Film wie Leni Riefenstahls *Triumph des Willens* (1935) sehen. Dem gegenüber scheinen Politikerinnen und Politiker gerade in Zeiten des Wahlkampfes geradezu von den Medien getrieben zu sein. Die Entschlüsselung dieses ambivalenten Verhältnisses von Politik und Film steht im Mittelpunkt des vorliegenden Springer essentials. Zudem haben vor allem neue Serienformate und deren Beliebtheit – in der Literatur wird hier oftmals vom HBO-Effekt gesprochen – viel Aufmerksamkeit geweckt. Hier wird ein Überblick zu daraus entstanden Diskussionen gegeben. Nicht zuletzt soll aber auch ein neuer und bewusster Blick auf Filme und Fernsehserien ermöglicht werden, sowie der Spaß daran geweckt werden, diese aus einem politischen Blickwinkel zu betrachten.

Zunächst wird ein Überblick zu den neuen Formaten, insbesondere aus dem Bereich der Serien gegeben, sowie die Bedeutung von neuen Sehgewohnheiten diskutiert. Anschließend werden Filme und Fernsehserien als Mikrokosmos des Politischen betrachtet, in welchem nicht nur gesellschaftliche Vorstellungen, sondern auch klare Bewertungen zu gesellschaftlichen und politischen Themen vorgenommen werden. Im vierten Teil wird dann die Rolle von Filmen und Fernsehserien an der Schwelle von Fiktion und Realität diskutiert; anhand von mehreren filmischen Beispielen wird gefragt, inwiefern Filme und Fernsehserien als Spiegel der Gesellschaft verstanden werden können. Im fünften Abschnitt wird die Bedeutung von Ängsten beim Publikum besprochen, denn zum einen werden diese Ängste durch Medien geschaffen, zum anderen rekurrieren Filme und Serien gerade auf existierende politische Ängste in der Gesellschaft; denn wenn James Bond einen Cyberangriff aus China abwehrt, geht es auch immer um reale geopolitische Befürchtungen in der Bevölkerung. Hiervon ausgehend wird in den letzten beiden Teilen besprochen, inwiefern Filme und Fernsehserien auch dazu in der Lage sind, politische Themen zu vermitteln, wie beispielsweise Homosexualität, oder die Verdrängung von Sterblichkeit. Die Idee der Vermittlung von politischen Inhalten steht aber auch in der politischen Bildungsarbeit im Zentrum der Aufmerksamkeit. Hier zeigt die vielschichtige Verbindung aus Politik und Film neue Zugänge auf, welche das Medium Film für die politische Bildungsarbeit interessant macht.

Hintergrund 2

Zusammenfassung

Der Film ist seit seiner Entstehung Gegenstand von sozialwissenschaftlichen Untersuchungen. Gerade der Wandel des Mediums Film durch neue Serienformate und Dokumentationen in den letzten Jahren hat das Interesse an der politischen Bedeutung von Filmen noch einmal erhöht.

Die Verbindung zwischen Politik und Film ist bereits seit der Entstehung des Medium Films gegeben. So verweisen Max Horkheimer und Theodor W. Adorno in ihrem Essay über die Kulturindustrie (Horkheimer und Adorno 1969/2006) auf die Bedeutung von Filmen für unsere Gesellschaft. Wenn Onkel Dagobert mit einem Geldsack Donald Duck verprügelt, ist dies auch immer die Wiedergabe von (politischer) Macht und Gewaltstrukturen in unserer Gesellschaft; der Reiche darf den Armen verprügeln und muss nicht mit einer Gegenwehr rechnen. Gleichzeitig dienen diese Prügel dem ‚Amüsement im Lichtspielhaus‘, aus dessen bunten Lichtern das Publikum in die kalte Wirklichkeit tritt und genau der Realität ausgesetzt sind, in welcher wir diejenigen sind, welche die Prügel erhalten – so die Interpretation von Horkheimer und Adorno.

Die hier aufgeführten Beispiele zeigen bereits, wie vielfältig die Zugangsmöglichkeiten sind, die sich aus der Verbindung von Politik und Film ergeben. Dieses essential wird sich vornehmlich mit gesellschaftlich relevanten Interpretationen von Filmen und Fernsehserien befassen. Es wird also darum gehen, aus Filmen und Fernsehserien politische Aussagen und Weltsichten herauszustellen. Gerade Filme, bei welchen nicht explizit politische Inhalte im Mittelpunkt stehen, haben oftmals vielfältige Zugänge zu politischen Ansichten zu bieten. Hierzu gehören beispielsweise die Harry Potter Filme (Neumann und Nexon 2006), aber auch in den letzten Jahren der Hype um die Zombie Apokalypse, wie sie durch Filme wie *World War Z* (2013) oder in Serien wie *The Walking Dead* (seit 2010) thematisiert

© Springer Fachmedien Wiesbaden 2016
U. Hamenstädt, *Politik und Film,* essentials, DOI 10.1007/978-3-658-12560-8_2

wird (Drezner 2011). Diese Filme und Serien spiegeln Weltbilder, aber auch Ängste wider und sind somit zum einen Ausdruck politischer Problemwahrnehmungen in unserer Gesellschaft; anderseits vermitteln Filme auch immer eine spezifische Weltanschauung. Somit wird sich die Betrachtung von Filmen auch immer in einem Spannungsverhältnis zwischen Realität und Fiktion bewegen. Für das Publikum ist es in der Regel ohne weiteres möglich, zwischen fiktiven und realen Elementen zu unterschieden. Jedoch wird die Frage aufgeworfen, was gesellschaftliche und politische Ansichten sind, die durch Filme aufgenommen und durch dieses Medium erst produziert oder umgedeutet werden. Umgekehrt wird Fernsehen und Kino auch immer eine (politik-)didaktische Aufgabe zugeschrieben; insbesondere politische Dokumentationen haben hier die Kraft, das Publikum über diverse Missstände ins Bild zu setzen – dementsprechend vielfältig sind auch die Themen von Dokumentationen. Daher wird in diesem essential ein Blick auf die wissenschaftliche Forschungslage sowie auf unterschiedliche Interpretationen der Beziehung von Politik und Film geworfen. Denn Filme und Fernsehserien gewinnen auch in den Sozialwissenschaften zunehmend an Bedeutung. So setzt sich beispielsweise der Sozialphilosoph Walter Benjamin bereits in den 1930er Jahren sehr ausführlich mit technischen Aspekten der Bildmontage in Filmen auseinander und kommt unter anderem zu dem Ergebnis, dass das Publikum erst einmal ‚mündig' für diese komplexe Technik gemacht werden muss (Kramer 2004, S. 96). In dem kollektiven und simultanen Konsum von Filmen – deren Bilder und *images* – wird bereits zu Beginn der Filmvorführungen eine gesellschaftliche und politische Herausforderung gesehen; dies gilt insbesondere für die Wahrnehmung und die Rezeption von Filmen. Bis heute steht im Mittelpunkt der Analysen vor allem die Frage, wie Filme und Fernsehserien die Einstellung von Menschen zu politischen Themen beeinflussen und prägen. Lange Zeit hat ein kritischer Blick auf populäre Filme und Fernsehserien in der sozialwissenschaftlichen Analyse dominiert. Dies ging einher mit einer demgegenüber positiveren Beurteilung von sogenannten Qualitätsproduktionen, die zumeist gezielt für ein kleineres Publikum in Form von Art House-Filmen produziert werden. Hier wird ein politischer Bildungsanspruch weitaus schneller attestiert. Dies ist jedoch ein Trugschluss: Populäre Filme und Fernsehserien vermitteln vielfältige Vorstellungen über Politik, Geschichte, unsere Gesellschaft oder den Menschen selber. Dieses Potenzial von Filmen und deren Analyse wird zunehmend erkannt. Ein wichtiger Aspekt hierbei sind die neuen Formate von Filmen, Dokumentationen und Fernsehserien. An Serien lässt sich der diesbezügliche Wandel festmachen: Sind Serien wie *Die Simpsons* (seit 1989) mit einer Spielzeit von rund 22 min für die Platzierung im Vorabendprogramm produziert, bieten sie fast ausschließlich in sich geschlossene kleine Geschichten in einer Folge, ohne dass sich die Gesamtdramaturgie der Familiengeschichte weiterentwickelt. Dem gegenüber werden in den letzten Jahren erfolgreich Serienformate von US-amerikanischen Privatsendern produziert, welche lange Erzählstränge von oftmals 50 bis 100 Stunden aufweisen. Im Stile der Dramen von Fjodor Dostojewski oder Hermann Hesse werden lange Charakterzeichnungen und Entwicklungen der Protagonistinnen und Protagonisten verfolgt. Dieses Konzept wurde in den letzten Jahren auf vielfältige Weise und kommerziell erfolgreich umgesetzt. Hier sticht beispielsweise die populäre Serie *Breaking Bad* (2008–2013) hervor, welche die Wandlung des an Lungenkrebs erkrankten Chemielehrers Walter White zum rücksichtslosen Drogenbaron nachzeichnet. Dominieren zunächst Sympathie und Verständnis für das Handeln von Walter White – wenngleich dies von Beginn an sehr ambivalent ist –, so sind es doch Rahmenbedingungen der US-amerikanischen Politik, wie die schlechte Bezahlung von Lehrerinnen und Lehrern, in Kombination mit einer nicht zureichenden Gesundheitsfürsorge, welche die Sympathien für den Protagonisten entstehen lassen. Hiervon ausgehend wird nicht nur die Figur Walter Whites über den Verlauf der Serie hinweg einer erheblichen Wandlung unterzogen, sondern vielmehr vollzieht sich ebenso bei den Zuschauerinnen und Zuschauern ein Wandlungsprozess. Die anfänglichen Gefühle von Sympathie und Verständnis für das Handeln des Protagonisten weichen zunehmend Hass und Abscheu. Durch die Serie werden Themen wie Drogensucht und Drogenkriminalität sowie die staatliche Drogenprohibition behandelt. Kennzeichnend für das Format ist hierbei, dass die Handlungen keiner Bewertung von Gut und Böse unterzogen werden, sondern sich diese Abwägung vielmehr in einem inneren Dialog des Publikums abspielt.

Die deutlichste Verbindung zwischen Film und Politik besteht wohl bei Dokumentationen, wie eingangs bereits angeklungen. Dokumentationen sind zumeist dafür produziert worden, den Zuschauerinnen und Zuschauer politische Inhalte näherzubringen. Bei Dokumentationen lässt sich ein Mix aus Kontinuität und Wandel feststellen. Wurden Dokumentationen ausschließlich für das Fernsehen gemacht, so haben sich in den letzten Jahren auch Produktionen etabliert, die explizit ihr Publikum im Kino suchen. Insbesondere Michael Moores *Bowling for Columbine* (2002) hat zur Etablierung der dokumentarischen Kinoformate beigetragen. Im deutschsprachigen Raum folgten Produktionen wie *Darwins Albtraum* (2004) oder *Taste the Waste* (2010). Da diese Formate oftmals ein großes Publikum erreichen, sowie unterschiedliche politische Debatten und Reaktionen hervorrufen, stellt sich die Frage nach deren gesellschaftspolitischen Aufgaben in einer neuen Form. Zum einen wird angeführt, dass Dokumentationen im Stile von Al Gores *Eine unbequeme Wahrheit* (2006) das Publikum nicht nur mit umweltpolitischen Problemstellungen konfrontieren, sondern gleichzeitig auch Lösungsansätze aufzeigen. Die Zuschauerinnen und Zuschauer müssen das Gefühl haben, auch selber etwas tun zu können und dem Problem nicht nur hilflos ausgeliefert zu sein. Menschen durch Kinobesuche zum politischen Handeln zu bewegen wird hier als eine Aufgabe der Dokumentationen betrachtet. Demgegenüber wird angeführt, dass die behandelten Probleme oftmals zu komplex sind, um umsetzbare Lösungsvorschläge in wenigen Minuten zu präsentieren. Ob die Lösung struktureller Probleme unserer Gesellschaft und Ökonomie durch ein verändertes Verhalten einiger Personen herbeigeführt werden kann, wird aus dieser Perspektive hinterfragt. So fokussiert beispielsweise die Dokumentationstrilogie von Erwin Wagenhofer sich auf die Sensibilisierung des Publikums für gesellschaftliche Herausforderungen. Demgemäß hat Wagenhofer seine bekannte Dokumentation *We feed the Word – Essen global* (2005) explizit mit ‚We' benannt, nicht mit ‚They'. Hierdurch wird die Diskussion und Verarbeitung des dokumentarischen Beitrags in das Publikum hineingetragen, welchem dann die Aufgabe übertragen wird, nach politischen Bildungsansätzen zu suchen (Lemke 2006) und das eigene Handeln kritisch zu hinterfragen.

Zuletzt muss die veränderte Bedeutung von Filmbeiträgen durch die Entwicklung neuer Medien angeführt werden. So wurde während des Arabischen Frühlings auch von seriösen Nachrichtensendungen auf mitunter ungesichertes filmisches Material aus dem Internet zurückgegriffen. Dies wäre vor einigen Jahren so nicht denkbar gewesen. Somit hat die technische Entwicklung – preisgünstigere Kameras, soziale Netzwerke, Videoplattformen im Internet etc. – auch zu einer Beschleunigung und Veränderung in den Fernsehnachrichten geführt. Die Zunahme technischer Möglichkeiten scheint diesbezüglich zu einer Beschleunigung in der Gesellschaft und im Medium Film beizutragen (Rosa 2005). So konnte während der Euromaidan-Proteste 2013/14 das Geschehen während des Höhepunktes der Eskalation über Tage hinweg via Live-Cam über die Website der Tagesschau verfolgt werden. Gleichzeitig nimmt das Bewusstsein von Protestierenden über die Rolle der Medien zu. So wurde während der Gezi-Park-Proteste in Istanbul nicht nur von CNN Türkei ein Film über Pinguine gezeigt, um nicht über die Geschehnisse berichten zu müssen, sondern vielmehr zogen die Protestierenden auch vor die Tore des Senders, um einzufordern, dass über die Proteste berichtet wird (Adanalı und Gribat 2015, S. 156). Bis heute ist der Pinguin in der Türkei als Symbol an Hauswänden zu finden, um die Rolle der türkischen Medien während der Gezi-Proteste zu kritisieren.

Neben der Wahrnehmung von Zeit verändert Film auch immer Aspekte von Räumlichkeit. Hierdurch wird man auf das Kino zurückverwiesen, oder auch auf das Fernsehgerät in unserem Wohnzimmer: wir befinden uns als Zuschauerinnen und Zuschauer in einem dreidimensionalen Raum und schauen auf eine zweidimensionale Leinwand oder auf einen Bildschirm. Dort geschieht dann die Handlung – sei sie fiktiv oder auf reale Gegebenheiten bezogen –, welche dann wieder in einer dreidimensionalen Welt stattfindet (Foucault 2012). Eigentlich eine sehr ungewöhnliche Sache, die wir mittlerweile als Normalität wahrnehmen. Durch Filme wird gleichzeitig auch die Bewertung von Räumen geprägt. So ist beispielsweise Paris nicht nur die Hauptstadt von Frankreich, sondern auch die Hauptstadt der Liebe. Diese Bilder prägen auch international die Wahrnehmung von Paris als Stadt, sowie von Frankreich als Land.

Zuletzt muss neben dem Wandel des Mediums Film auch der Wandel in den Sehgewohnheiten des Publikums betrachtet werden: mitunter scheint eine kulturpessimistische Diagnose in Bezug auf die Aufmerksamkeit und die Interessen des Publikums vorzuherrschen. Mit Sicherheit kann man sagen, dass das Angebot an Filmen und die Möglichkeiten, sich diese anzuschauen, in den letzten Jahrzenten deutlich zugenommen hat. Per Film-Streams und portablen Wiedergabegeräten ist der Film- und Serienkonsum nicht mehr an das Wohnzimmer oder den Kinosaal gebunden. Hierdurch ändert sich auch die Wahrnehmung des Mediums und der Film erreicht uns als Träger von Informationen oder Weltansichten auf vollkommen neuen Kanälen. Dieser Wandel muss jedoch nicht ausschließlich pessimistisch gesehen werden, denn die neuen Sehgewohnheiten des Publikums können auch neue Möglichkeiten eröffnen, wie beispielsweise in der politischen Bildungsarbeit.

Die Bedeutung des Films für die Betrachtung von Politik

3

Zusammenfassung

Populäre Medien vermitteln einen Mikrokosmos des Politischen und nehmen oftmals konkrete Bewertungen von ‚Gutem' und ‚Schlechtem' vor. Gerade das, was auf den ersten Blick unpolitisch und neutral erscheint, ist hier mit komplexen politischen Zusammenhängen aufgeladen und erlaubt einen Blick auf Politik und Gesellschaft. Daher haben in den letzten Jahren insbesondere die internationale Politik und die Geschlechterverhältnisse eine hohe Aufmerksamkeit bekommen.

Politik ist überall. Wird Politik nicht nur als eine Mischung aus Wahlkampf, Politik-Talkshows und Tagesgeschäft der Parlamente verstanden, sondern vielmehr als Bereich, in welchem gesellschaftliche Entscheidungen und Konfliktsituationen ausgetragen werden, lassen sich viele Bereiche unseres Alltags als politisch fassen, beispielsweise Hörspiele für Kinder. Benjamin Blümchen ist wohl einer der bekanntesten Vertreter in diesem Bereich. Bereits die dritte Strophe des Anfangsliedes verrät uns, dass Benjamin alle Menschen mag, sogar die Polizei. Interessant ist bei dem Blick auf Kinderhörspiele, dass in Bezug auf komplexe politische Entscheidungen bereits sehr konkrete Bewertungen vorgenommen werden. So ist die Geschichte vieler Benjamin-Blümchen-Hörspiele so aufgebaut, dass die Zivilgesellschaft durch Benjamin auf umweltpolitische Probleme hingewiesen wird und sich dann die Medien – vertreten durch Karla Kolumna – auf der Seite der Zivilgesellschaft für die gerechte Sache einsetzen (Strohmeier 2005). Wichtig ist hierbei, dass die demokratisch gewählten Volksvertreterinnen und Volksvertreter, welche in dem Hörspiel durch den Bürgermeister repräsentiert werden, als rein egoistisch und eigenwohlorientiert dargestellt werden. Somit lässt sich bereits am Beispiel des Kinderhörspiels ein Mikrokosmos ausmachen, welcher mehr als ein bloßes

© Springer Fachmedien Wiesbaden 2016

U. Hamenstädt, *Politik und Film*, essentials, DOI 10.1007/978-3-658-12560-8_3

Abbild unserer Gesellschaft ist; das Hörspiel für Kinder ist bereits ein komplexes Geflecht unterschiedlicher Normen und Bewertungen von politischen Inhalten.

Nun ist das Hörspiel für Kinder ein noch recht übersichtlich zu analysierendes Medium. Gleiches gilt für die Pop-Musik, in deren Analyse eine große Anzahl von Chart-Hits mit eher negativer Einstellung zum Thema Politik augenfällig wird. Der Song von Michael Jackson mit dem Titel „They Don't Care About Us" zeigt, wie Politik wahrgenommen wird: es gibt Menschen *dort oben* (They) und die Mehrheit *unten* (Us), die weitestgehend ausgeschlossen von politischen Entscheidungen sind (Franke und Schiltz 2013). Hier überschneiden sich politische Ansichten mit der Vermittlung von Einstellungen gegenüber der Politik – das Gleiche gilt auch für Kinderhörspiele. Das Medium Film ist demgegenüber durch die zusätzliche Visualisierung noch *dichter*. Dies erweitert das Spektrum möglicher Zugänge zu Filmen und Fernsehserien (Neumann und Nexon 2006). So gibt es in der Politikwissenschaft zunehmend Ansätze, welche die Verwendung filmischer Stilmittel in die wissenschaftliche Analyse mit einbeziehen (Weber 2009). Zumeist liefern die erzählte Geschichte des Films und die Dialoge jedoch genug Material für eine ausführliche Untersuchung. So untersuchen Stephan Engelkamp und Philipp Offermann (2012) die Darstellung von zurückkehrenden Soldaten aus dem Afghanistan-Einsatz im öffentlich-rechtlichen Fernsehen. Die Autoren kommen bei ihrer Betrachtung von drei Produktionen zu diesem Thema zu dem Ergebnis, dass insbesondere die psychische Belastung der Soldaten, einhergehend mit dem Unverständnis des sozialen Umfeldes in der Heimat, in den Erzählungen eine tragende Rolle spielt. Zudem wird, laut der Autoren, durch die soziale Anerkennung des Leidens der Soldaten eine Ressource für das weitere militärische Engagement Deutschlands konstruiert und die ‚Verantwortung eines Landes' in einem spezifischen Rahmen dargestellt. Somit bietet die Betrachtung von Filmproduktionen immer auch ein Spiegelbild politischer Debatten. Gleichzeitig wird durch eine Interpretation – und mitunter sogar durch eine (Um-)Deutung – die Form der Darstellung vorgenommen. Diese Form des politischen Dialoges findet sich auch im öffentlich rechtlichen Fernsehen wie dem *Tatort* (seit 1970). So behandelt das Kölner Ermittlerteam Schenk und Ballauf nicht selten politische Themen wie Rechtsextremismus, Arbeitslosengeld II oder Alkoholismus. Zumeist werden diese Themen durch private Problemlagen der Personen selber zur Sprache gebracht oder dadurch, dass die beiden Kollegen unterschiedliche Blickwinkel auf den Gegenstand bekunden. Hierdurch lassen sich alltägliche Dinge in politische und gesellschaftliche Kontexte einordnen und zur Diskussion stellen und Fernsehen wird bewusst politisch. Gleichzeitig weist das Format *Tatort* auch zahlreiche Produktionen auf, welche den politischen Bildungsanspruch des öffentlich-rechtlichen Fernsehens nur unzulänglich umsetzen.

Innerhalb der wissenschaftlichen Betrachtung von Film – und hier innerhalb der Politikwissenschaft im Besonderen – haben bisher die Internationalen Beziehungen sowie die Friedens- und Konfliktforschung wohl das stärkste Interesse am Medium Film gezeigt (u. a. Kiersey und Neumann 2013; Macleod 2014; Shapiro 1999 und 2009; Weber 2006). Insbesondere *Star Trek* hat hierbei Bedeutung erlangt. Ausgehend von einer Kritik der Rassensegregation in den USA erlangte *Star Trek* schnell große Beliebtheit und wendete sich in Filmen und Serien auch internationalen politischen Themen zu (Dellwing und Harbusch 2015). So trug der erste Prototyp für die Raumfähren aus dem Space-Shuttle-Programm der NASA den Namen *Enterprise* – kein Zufall. Die Namensgebung ist darauf zurückzuführen, dass bei der NASA viele Trekkies beschäftigt waren. Da *Star Trek* auch davon lebt, dass die Fans Folgen für die Serien schreiben, betätigten sich auch NASA-Mitarbeiterinnen und Mitarbeiter mehrfach als Autoren von einzelnen Folgen. Wie diese Folgen aufgebaut waren und wie die „Feinde" dargestellt wurden, weckte früh die Aufmerksamkeit von Sozialwissenschaftlerinnen und Sozialwissenschaftlern. Denn die Grundidee des Formates ist es, dass ein Raumschiff durch unendliche Weiten fliegt und dort die „westlichen Werte" verbreitet. So entsprachen die „Borg" dem Feindbild, welches man sich vom Ostblock machte und so verwundert es auch nicht, dass diese „Feinde" an Bedeutung innerhalb der Serie in den letzten Jahren verloren haben. Am deutlichsten dürfte dieser Wandel von Feindbildern der internationalen Politik anhand der James Bond-Filme nachzuvollziehen sein (Price 2004; Stetter und Herschinger 2016). Bekam der berühmteste Geheimagent der Welt früher seine Liebesgrüße aus Moskau, so haben die Filme nach langer Suche eines adäquaten neuen Gegners für 007 nun China als neuen Gegenspieler auf die Bildfläche gebracht (Laucht 2013). Ebenfalls hat sich die Form der Bedrohung verändert: Waren es früher Raketen und nukleare Strahlung, vor der Bond die Welt rettete, sind es heute Cyberattacken und Angriffe, welche direkt auf britischem Boden stattfinden. Dies bedeutet auch, dass die Bond-Filme heute auf eine andere Wahrnehmung von Gefahr des Publikums – im Hinblick auf globale Machtverteilungen – Bezug nehmen.

Ebenfalls hat sich bei den James Bond Filmen die Rolle von Miss Moneypenny geändert. War Miss Moneypenny lange die schmachtende Chefsekretärin, welche hinter ihrem Schreibtisch Bond als Projektionsfläche ihrer Fantasien hatte, ist ihre Rolle heute weitaus aktiver. Die neue Miss Moneypenny tritt bereits in den actiongeladenen Eingangsszenen der Bond-Filme aktiv in Erscheinung und greift selber zum Gewehr, um – nicht gewollt – auf Bond zu schießen.

Geschlechterverhältnisse sind in den letzten Jahren zu einem weiteren Bereich der sozialwissenschaftlichen Filmanalyse geworden (Shepherd 2013). Sowohl der Wandel als auch die Kontinuität von Geschlechterbildern ist im Medium Film sehr gut nachvollziehbar. So lässt sich beispielsweise mit dem Blick auf die Serie *Game of Thrones* (seit 2011) eine deutliche Kontinuität patriarchaler Herrschaftsmuster in der Erzählung der Geschichte feststellen (Lux 2016). Dies wirft die Frage auf, ob ein pseudo-historisches, low-fantasy Format wie *Game of Thrones* künstliche Welten erschafft oder doch so stark an unsere Geschichts- und Weltauffassung rückgebunden ist, dass es die Erwartungen des Publikums eher spiegelt und hierdurch wiederum eine spezifische Wirklichkeitswahrnehmung verstärkt. Die Serie *Game of Thrones* ist vor allem auch in den Blickpunkt der Öffentlichkeit geraten, da beispielsweise Behinderung in einer medial untypischen Form dargestellt wird (Garten 2013). Treten Menschen mit Behinderung in Filmen oder in Serien auf, werden sie zumeist in der Darstellung auf das Behindert-Sein reduziert. Auch wenn Menschen mit Behinderung in Filmen gespielt werden, verläuft die Darstellung nach stark stereotypen Formen. Am bekanntesten dürfte hierbei Dustin Hoffmans Darstellung eines Autisten in *Rain Man* (1988) sein. Der Film hat das Verständnis von Autismus stark geprägt, wenngleich von medizinischer Seite immer wieder eingebracht wird, dass Hoffman eigentlich einen Menschen mit Inselbegabung mimt, dem so genannten Savant-Syndrom. Die Serie *Game of Thrones* geht hier einen anderen Weg, indem die Figur des Tyrion Lannister gerade nicht der stereotypen und eindimensionalen Darstellung von Menschen mit Behinderung in den Medien entspricht. Tyrion Lannister ist kleinwüchsig, nützt dieses vermeintliche Handicap jedoch zu seinem Vorteil und sticht durch eine intelligente Rhetorik in der Serie heraus. Demgegenüber stellt die Serie aber auch Charaktere wie Hodor an den Rand der Erzählstränge, welcher als groß, gutmütig und dumm dargestellt wird. Mit der Trennung zwischen körperlichen und geistigen Handicaps in der Darstellung hinterlässt die Serie dann einen ambivalenten Beigeschmack – die aufklärenden Möglichkeiten, welche das Medium Film bereithält, werden hier nicht genutzt. Das Gleiche gilt für die Geschlechterrollen: Beansprucht *Game of Thrones* für sich, starke und mächtige Frauen zu zeigen – so das Bonusmaterial zur zweiten Staffel – bleiben doch gerade die Darstellungen von Sexualität und Gewalt gegen Frauen im Muster einer patriarchal geprägten Weltsicht (Lux 2016). Somit sind Filme und Fernsehserien zum einen prägend für unser Weltverständnis, zum anderen werden aber auch spezifische Denkmuster aufgegriffen und verwendet. Film steht somit immer in einem ambivalenten Verhältnis zwischen der Schaffung gesellschaftspolitischer Vorstellungswelten und der Widerspiegelung bestehender Vorstellungen.

Filme als Spiegel der Gesellschaft 4

Zusammenfassung

Filme und Fernsehserien nehmen zum einen soziale Phänomene auf, wodurch sie zu einem Spiegel der Gesellschaft werden. Zum anderen eröffnen Filme aber auch immer die die Möglichkeit, Weltsichten und Vorstellungen des Publikums zu prägen. Daher wird bei der Analyse von Filmen zwischen realistischer und konstruktivistischer Blickweise des Mediums Film auf die Welt unterschieden. Somit bewegen sich Filme immer auf der Schwelle zwischen einem Abbild der Welt und Fiktion.

Der Film *Blade Runner* (1982) beginnt mit einem Auge. Ein Auge als Spiegel dessen, was gerade passiert. Über den Film hinweg spielt das Auge eine wesentliche Rolle: das Auge ist der Weg zum mitunter verborgenen Innersten der Menschen (Elsaesser und Hagener 2011). Harrison Ford spielt in dem Film einen Jäger von künstlich geschaffenen Menschen, welche ihre Künstlichkeit nur durch den Blick in die Augen erkennen lassen. Bei der Frage nach der politischen Bedeutung von Filmen spielen unsere Augen und Gedanken eine wichtige Rolle. Alfred Hitchcock hat in seinem Klassiker *Das Fenster zum Hof* (1954) die Fragestellung schon in den englischen Originaltitel eingebaut: *Rear Window*. Es geht somit um den Zusammenhang zwischen Rahmen und Fenster. Das Fenster entspricht hierbei der Annahme einer außerhalb von uns existierenden Realität, welche wir mit unseren Augen wahrnehmen und betrachten können; wir müssen hierbei nur durch das Fenster schauen, um die Realität zu sehen. Dem gegenüber bietet der Rahmen das Gerüst der Interpretation dessen, was innerhalb dieses Rahmens zu sehen ist. Das Gesehene ist somit zum einen der Blick auf eine Realität und gleichzeitig Gegenstand der Konstruktion. Hitchcock setzt dieses Spannungsfeld in seinem Film *Das Fenster zum Hof* auf interessante Weise um, indem er aus diesen beiden Perspektiven auf Filme eine Detektivgeschichte bastelt. Die Zuschauerinnen und

© Springer Fachmedien Wiesbaden 2016

U. Hamenstädt, *Politik und Film*, essentials, DOI 10.1007/978-3-658-12560-8_4

Zuschauer verfolgen den Film aus der Perspektive des Protagonisten. Der Protagonist sitzt – aufgrund eines Unfalles in seinem Rollstuhl – am Fenster und beginnt aus Langeweile die Nachbarn in seiner Wohnsiedlung zu beobachten. Er studiert die Tagesabläufe dieser Personen, welche er tagtäglich beobachtet und bekommt hierdurch ein immer besseres Bild von deren Gewohnheiten und Routinen. Hierdurch entgeht dem Protagonisten nicht, dass sich in einer der Wohnungen die Routinen ändern. Eine Frau verschwindet dort vermutlich durch ein Verbrechen; es existiert jedoch ein Zeitabschnitt, in welchem der Protagonist das Geschehen in der Wohnung nicht beobachten konnte, und dieser war zu kurz, als dass ein vermeintlicher Täter die Frau aus der Wohnung hätte schaffen können. Der Film handelt somit augenscheinlich von der Funktion des Films als Fenster – es ist *das Fenster zum Hof*, welches das erste Thema des Films ist. Die Rekonstruktion des Gewaltverbrechens ist das zweite Thema des Films. Das erlangte Wissen um die Routinen der Bewohnerinnen und Bewohner der Siedlung ist der Rahmen, innerhalb dessen sich der Ablauf des Mordes rekonstruieren lässt. Somit geht es um ein Zusammenspiel zwischen gesichertem Wissen, Interpretation und Spekulation. Egal ob in den Nachrichten über die Börse oder über Wahlprognosen gesprochen wird, die Expertinnen und Experten bewegen sich mit ihren Einschätzungen immer in diesem Spannungsfeld unterschiedlicher Pole. Diese Pole sind nicht immer miteinander in Übereinstimmung zu bringen. So hat der Protagonist an Hitchcocks Fenster auch immer eine skeptisch rückfragende Haushälterin an seiner Seite – eine Rolle, die optimaler Weise politische Journalistinnen und Journalisten übernehmen. Gleichzeitig können Journalistinnen und Journalisten die Kritikfähigkeit des Publikums unterstützen; die Zuschauerinnen und Zuschauer haben immer noch selber zu entscheiden, was durch das Fenster oder durch den Rahmen gesehen wird, wenn die Welt und die Politik betrachtet werden.

Es verwundert nicht, dass gerade Spielfilme mit den Problemen spielen, welche durch das Medium Film oft erst entstehen. So tritt die Figur des unwahren Erzählers nicht nur in Romanen in Erscheinung, sondern findet sich auch als Erzählerin oder Erzähler in Filmen wieder. Der Film *Fight Club* führt uns durch das Leben eines namenlosen Rückrufkoordinators für eine große Autofirma (Hamenstädt 2014, S. 120). Dieser lebt ein Leben materiellen Wohlstands und innerer Leere. Um aus seinen Leben auszubrechen, erfindet der Protagonist ein Alter-Ego, welches ihm erlaubt, so zu leben, wie er es wünscht. Wenngleich die Zuschauerinnen und Zuschauer im Verlauf des Films auf die Irreführung hingewiesen werden, ist die Aufdeckung am Ende des Films ein zentraler Wendepunkt. Der Film zeigt somit, wie stark wir auf die Personen angewiesen sind, welche uns Informationen zukommen lassen und inwiefern die Rahmenbedingungen, unter denen wir die Informationen erhalten, eine Rolle spielen. Die durch den Film aufgeworfene Herausforderung wirkt umso schwerer, wenn wir daran denken, dass Nachrichtensendungen mitunter Handybilder und Videos ungesicherter Herkunft als politische Information bereitstellen. Hierzu wird dann eine mögliche Interpretation angeboten. Der Film *Fight Club* treibt diese Unsicherheit in einer Szene auf die Spitze: der Protagonist sitzt in einem Vorführraum eines Kinos und erklärt, welche Wirkung einzelne, unauffällig in den regulären Film hineingeschnittene Bilder auf das Publikum haben. In den Film *Fight Club* sind wiederum mehrere Bilder hineingeschnitten, welche nicht hineingehören. Hierdurch wird die Grenze zwischen dem Publikum des Kinosaals, anhand dessen die Unverschämtheit des Filmvorführers erläutert wird, und den Betrachterinnen und Betrachtern des Films *Fight Club* aufgelöst. Die Zuschauerinnen und Zuschauer werden zum manipulierten Objekt der Handlung, noch während die Technik der Manipulation erläutert wird. Die hier erläuterte Handlung lässt sich nun unterschiedlich interpretieren: zum einen geht es darum, dass aus Zuschauerinnen und Zuschauern, die eigentlich die handelnden Personen sein sollten, Objekte des fremdbestimmten Zugriffes werden. Dieser Prozess ist beispielsweise vom Arztbesuch bekannt. Die Patientin oder der Patient wendet sich mit einem Leiden an die Ärztin oder den Arzt. Die aktive Handlung die Arztpraxis aufzusuchen wird spätestens im Behandlungszimmer umgekehrt, denn die Patientin oder der Patient werden durch den professionellen ärztlichen Blick auf das jeweilige zu behandelnde Leiden reduziert, um dies zu behandeln. Somit wird aus einer aktiven Handlung eine Passivität, welche in Medikamenteneinnahmen oder Operationen enden kann. Dies erinnert an den politischen Prozess innerhalb einer repräsentativen Demokratie, in welchem Wählerinnen und Wähler den aktiven Prozess der Wahl vollziehen, um später über das Fernsehen nicht nur die Ergebnisse zu erfahren, sondern auch die sich hieraus ergebende Regierungskoalition. Im Verlaufe einer Regierungsperiode ergeben sich dann weitere Umkehrungen, z. B. insofern, als dass Politikerinnen und Politiker über die Alternativlosigkeit politischer Entscheidungen sprechen, wobei die Paradoxie darin besteht, dass Politik nur dann entsteht, wenn über Alternativen entschieden werden kann. Dies verweist bereits auf eine zweite mögliche Interpretation der im Film *Fight Club* verwendeten Technik, welche die Fragen nach Unsichtbarkeiten aufwirft. Denn unsichtbar im Politischen ist nicht nur das, was verborgen ist, sondern auch oftmals das, was neben dem Sichtbaren existiert. So verwundert es nicht, wenn während Fußballweltmeisterschaften schwierige Entscheidungen die Parlamente durchlaufen, da zu dieser Zeit die Politik neben den stärker sichtbaren Themen des Sports in der Medienberichterstattung unsichtbar wird. Bezogen auf die Gesamtstruktur des Films *Fight Club* lässt sich sogar festhalten, dass den Zuschauerinnen und Zuschauern von Beginn an die wahre Geschichte erzählt wird, sie verschwindet nur hinter der dominanten Interpretation, welche durch den Protagonisten in den Vordergrund gestellt wird.

Noch einen Schritt weiter geht der Film *Memento* (2000). Der Film erzählt die Geschichte von Leonard Shelby, der aufgrund eines traumatischen Erlebnisses und einer Anterograden Amnesie nicht in der Lage ist, sich neue Dinge zu merken. Bei der Geschichte handelt es sich um eine Art Detektivgeschichte, in welcher Leonard den Mörder seiner Frau jagt. Verwirrend wird der Film dadurch, dass er aus der Sicht von Leonard erzählt wird. Somit folgen die Zuschauerinnen und Zuschauer einer Aneinanderreihung von kleinen *Mementos*, welche die Filmfragmente jedoch in chronologisch umgekehrter Reihenfolge aufbereiten. Gleichzeitig wird zwischen diesen Mementos eine Geschichte als Schwarz-Weiß-Film gezeigt, welche in den Haupterzählstrang schließlich einfließt (Hamenstädt und Engelkamp 2016; Weber 2009). Die Verbindung zwischen den beiden Geschichten bleibt jedoch für die Zuschauerinnen und Zuschauer kryptisch und muss durch diese entziffert werden. Die Frage nach der Rolle des Films als Spiegel unserer Gesellschaft – als zuschauerseitige Projektionsfläche oder als Widerspiegelung unserer Erwartungen und somit als Katalysator unserer Vorstellungswelt – bleibt somit im Film Memento weitestgehend unbeantwortet. Anders als beim *Fenster zum Hof* oder auch am Ende von *Fight Club* wird der Rahmen nicht durch den klaren Blick des Erzählers zum Ende der Geschichte weggenommen; die Frage bei *Memento* bleibt offen, wie stark unsere eigene Interpretation eine wirkliche Realität erlaubt und ob diese möglich ist. In diesem Spannungsfeld bewegt sich auch Politik, wenn über Krisen oder Kriege gesprochen wird oder gerade diese Begriffe vor den Fernsehkameras gemieden werden.

Somit sind Filme immer auch Projektion und Abbild unserer Welt, aber auch Erzählung und politischer Mythos im gleichen Moment. Erfolgreiche Filme, insbesondere die kommerziellen *Blockbuster*, beruhen auf der Erzählung eines Mythos. So beruht der Erfolg eines Films wie *Avatar* (2009) auch immer auf der erfolgreichen Umsetzung des Führermythos: Eine Person aus dem Volk erhebt sich und führt das Volk in einer existenziellen Notsituation gegen den Feind. Ist der Feind abgewehrt, kehrt diese Person in das Volk zurück und nimmt wieder ihren Platz ein. Dieser politische Mythos hat sich in der Geschichte nie verwirklicht und insbesondere der Akt, dass die Führungsperson wieder mit dem „Volkskörper" verschmilzt, geschieht nur im Film. Der Fakt, dass Filme wie *Avatar* kommerziell erfolgreich sind, zeigt daher, dass derartige politische Mythen bis heute funktional und in der Lage sind, viele Zuschauerinnen und Zuschauer in die Kinosäle zu locken.

Eine der großen Mythen, welche wiederholt von Filmen aufgegriffen wird, ist der Mythos des amerikanischen Westens. Dieser Mythos beruht auf der Offenheit des amerikanischen Westens – bis die „Zivilisation" schließlich den Ozean zu Beginn des 20. Jahrhunderts erreichte und die Gesellschaft in eine Depression und Sinnkrise geriet. Abbild dieser Krise ist u. a. die Neuverfilmung *Gatsby* (2013) des

Romans von F. Scott Fitzgerald, „The Great Gatsby". Der Mythos durchlief drei Ebenen seiner Entfaltung: Zunächst einmal war es der Kampf mit dem Wilden Westen, der Ort des Unzivilisierten und der gesellschaftlichen Unordnung. Hier treffen in Filmen Indianer und Cowboys aufeinander und Generationen von Zuschauerinnen und Zuschauern wurden über den Fernsehbildschirm konkrete Vorstellungen über diesen Abschnitt der US-amerikanischen Geschichte vermittelt. Dieser erste Mythos beruht auf der Figur der Cowboys, welche Männlichkeitsideal und Projektionsfläche von Freiheitsgefühlen in vielen Western ist. Bis heute stehen Schauspieler wie John Wayne oder auch Clinton Eastwood durch seine Dollar-Trilogie für dieses Bild. Gleichzeitig findet diese Freiheit – in den Filmen zumeist durch einen weitestgehend rechtsfreien Raum dargestellt – ihren Ausdruck in der Unordnung und dem Recht des Stärkeren. Cowboys sind das Sinnbild dieses freien Raums und in ihrer Darstellung beruht ihr Mythos auf ihrer Durchsetzungsfähigkeit innerhalb der vorzivilisatorischen Spielregeln. Filme wie *Der mit dem Wolf tanzt* (1990) spielen als „Anti-Western" mit den Bildern der Wildnis im Westen. Auffällig bei *Der mit dem Wolf tanzt* ist jedoch auch, dass die Darstellung von guten und bösen Indianern nicht der historischen und geografischen Realität entspricht, sondern vielmehr den bis heute etablierten Vorstellungen in der US-amerikanischen Gesellschaft über gute und böse Indianerstämme folgt.

Der Filmklassiker *Spiel mir das Lied vom Tod* (1968) zeigt anschaulich, wie diese Regeln in der Welt der Cowboys durch den Bau der Eisenbahn außer Kraft gesetzt werden; die Cowboys kämpfen noch nach ihren Regeln gegeneinander, aber die Ausweitung der US-amerikanischen Zivilisation nach Westen lässt den „Wilden Westen" verschwinden. Somit wird durch diese Filme auch immer die Geschichte erzählt, dass die Vereinigten Staaten neben ihrer festen Grenze im Osten eine weitere bewegliche Grenze haben. In der englischen Sprache lässt sich diese Idee besser fassen als im Deutschen: So kennt das Englische die *border* als feste und die *frontier* als bewegliche Grenze. Bis heute spiegelt sich dies in den Vorstellungen über die Ost- und Westküste der USA. Dieser erste Mythos des Westens wird im Film durch die Erzählungen über den Bau der Eisenbahn als zweiter Mythos abgelöst. Dies sind die ersten beiden Wellen neuer Grenzziehungen. Die dritte Welle dieser Landnahme stellt die Darbietung des Mythos Western durch das Kino selber dar. Alle drei Erzählungen sind im Mythos des Wilden Westens vereint. Nicht die Grenze, sondern das verbindende Element durch die stetige Verschiebung der Grenze wird herausgestellt. Gerade durch das verbindende Element lässt sich aus dem Mythos Wilder Westen auch ein Blick auf politische Verständnisse von Zivilisation und Fortschritt werfen. Die Fiktion von Vergangenem kann somit auch als Motor der politischen und gesellschaftlichen Vorstellungen der Gegenwart gesehen werden – Filmen kommt in diesem Kontext der Vergangenheitskonstruktion eine wesentliche Rolle zu.

Filme und politische Ängste 5

Zusammenfassung

Das Spiel mit den Ängsten des Publikums ist zentral für den Spannungsbogen von Filmen und Fernsehserien. Dies gilt nicht nur für Horrorfilme, sondern auch für Ängste, welche aus politischen Unsicherheiten entstehen – soziale Unsicherheit etwa, oder geopolitische Spannungen. Daher lohnt der Blick auf populäre cineastische Themen, um Ängste und die Wahrnehmung von Bedrohungen zu reflektieren.

In Filmen und Fernsehserien lässt sich seit einiger Zeit eine Rückkehr zu düsteren Themen feststellen. Insbesondere Zombiefilme wie *World War Z* (2013) oder Serien wie *The Walking Dead* (seit 2010) bringen die Untoten ins Kino und in die Wohnzimmer zurück. Auch im Bereich der Computerspiele lässt sich der Zombie-Hype beobachten: Spiele wie *Dead Island* (Veröffentlichung 2011) oder *Left 4 Dead* (Veröffentlichung 2008) sind hierfür kommerziell erfolgreiche Beispiele. Interpretationen über die gestiegene Faszination von Zombies gehen auseinander. Manche sehen in dem Hype die Auswirkungen der Finanzkrise (Wilson 2015). Nach dieser Interpretation ist das bestehende kapitalistische System bereits tot und will doch nicht sterben; das unlebendige Finanzkapital erhebt sich aus seinem Grab und hungert nach dem Fleisch der lebendigen Menschen. Es geht somit in dieser Deutung um eine Unordnung des Systems und den Hunger dessen, was eigentlich schon tot ist. Hier liegt ein wesentlicher Unterschied zu Vampiren: Diese müssen töten um weiter zu leben und hier dominiert in der Interpretation eher die erotische Phantasie – beides kann für den Zombie-Hype eher keine Rolle spielen.

Die Beliebtheit von Zombiefilmen kann als Ausdruck gesellschaftspolitischer Herausforderungen und Problemempfindungen verstanden werden, aber muss ihre Ursache nicht ausschließlich in der ökonomischen Krise haben. Probleme und Ängste sind im Allgemeinen ein wichtiges Thema in Filmen und Fernsehserien.

© Springer Fachmedien Wiesbaden 2016   19
U. Hamenstädt, *Politik und Film*, essentials, DOI 10.1007/978-3-658-12560-8_5

Nicht nur der Altmeister Alfred Hitchcock verstand es perfekt mit den Ängsten seines Publikums zu spielen. So ist die bekannte Duschszene aus *Psycho* (1960) ein treffendes Beispiel dafür, dass eigentlich nichts gezeigt wird und das Publikum gleichzeitig doch alles sieht. Der Horror spielt sich in den Köpfen der Zuschauerinnen und Zuschauer ab und muss nicht explizit gezeigt werden. So hat bereits Theodor W. Adorno darauf verwiesen, dass der Horror des Films *King Kong* (1933) im Erklimmen des Hochhauses durch einen riesigen Affen begründet liegt (Martin 2013, S. 39). Während bei *Tarzan, der Affenmensch* (1932) der Mensch es schafft sich zum König der Tiere zu erheben, sind die Menschen bei King Kong lange dem ‚Monster‘ gegenüber ohnmächtig in ihren Handlungen. Das Hochhaus, in den 1930er Jahren ein Symbol von Fortschritt und Innovation, wird von dem Riesenaffen erklommen. Hierdurch wird nicht nur die Naturgewalt repräsentiert, sondern nach Adorno die Ohnmacht der demokratischen Systeme gegenüber dem Aufstieg des Faschismus thematisiert. Nach dieser Interpretation ist also der Horror von *King Kong* die zeitgenössische Wahrnehmung des Aufstiegs des Faschismus zu Beginn der 1930er Jahre. Somit ist es gerade die Assoziation des Publikums, welche den Effekt von Filmen ausmacht, den nicht gezeigten Horror mit eigenen Ängsten aufzufüllen und den Film als deren Rahmung zu verstehen. Hierzu treten Filme in ein Wechselspiel zwischen bestehenden Ängsten innerhalb der Gesellschaft und der Schaffung eines Rahmens ein. In älteren Science-Fiction-Produktion zeigt sich das Zusammenspiel von Fenster und Rahmung, welches insbesondere in den 1970er und 80er Jahren das Filmerlebnis des Publikums geprägt hat, aber gleichzeitig auch den Film in die Rolle eines ‚Weltvermittlers‘ gebracht hat. So sind die Horrorfilme und Science-Fiction-Produktionen dieser Zeit durch Bedrohungen aus dem All geprägt. Dies spiegelt die großen politischen Bedrohungsszenarien der Zeit wider: die Gefahr einer Invasion von außen, oder die nukleare Katastrophe im Zuge von geopolitischen Spannungen. So wirken Filme über riesige Meteoriten, welche auf die Erde zusteuern, heute nicht mehr unbedingt furchteinflößend, lassen aber die Ängste und Befürchtungen der damaligen Zeit bis heute greifbar werden.

Zombies zeigen eine Besonderheit in der Wahrnehmung von Bedrohungen auf, da diese Bedrohung keine Rationalität besitzt. Lässt sich in den Handlungen von totalitären Herrschern oder in der nuklearen Aufrüstung bis zum Overkill noch im weitesten Sinne eine politische Logik erkennen, so sind Zombies jeglicher Logik enthoben. Zombies sind bereits tot und haben eigentlich keinen rationalen Grund auf die Überlebenden Jagd zu machen. Neben der ökonomischen Metapher der Wirtschaftskrise kann die mediale Präsenz von Untoten auch als Ausdruck der eher subtilen Bedrohung durch Seuchen gesehen werden (Rushton und Duten 2016). Die Ebola-Epidemie in Westafrika ist eines der aktuellsten Beispiele hierfür. Sicher ist, dass ältere Zombiefilme wie *The Omega Man* (1971) mit Charlton Heston in der Hauptrolle – *I Am Legend* (2007) ist die Neuverfilmung des Buches von Richard Matheson – den Ausbruch einer Seuche in den Mittelpunkt der Zombie-Erzählung stellen. Der Plot der Geschichte von *The Omega Man* oder *I Am Legend* ist die Suche nach einem Heilmittel gegen die Seuche.

Gleichzeitig werden in der Erzählung aber auch immer die Strategien der Überlebenden gezeigt und wie diese mit der Situation umgehen. Hierbei sind interessante Setzungen zu beobachten, die letztendlich auf verschiedensten Annahmen darüber beruhen, wie sich Menschen in einer Extremsituation verhalten. Im Kern geht es bei diesen Filmen um den Zusammenbruch der sozialen und politischen Ordnung. Die neuen Ordnungen, welche die kleinen Gemeinschaften der Überlebenden dann darstellen, sind zumeist eine Reaktion auf Gewalt und Unordnung. Durch charismatische, männliche Führungspersonen wird die neue Ordnung hergestellt – nicht etwa durch den demokratischen Konsens der Gruppe. Entscheidend für den Erfolg dieser Führungspersonen ist dann die Fähigkeit, Ressourcen wie Nahrung und basale Gesundheitsversorgung für die Gruppe zu organisieren, sowie die Verfügungsgewalt über Waffen zu monopolisieren. Die Außenwelt ist stets feindlich, sei es durch Zombiehorden oder durch andere Gruppen von Überlebenden. Diese Darstellung ist stets eine fiktive Erzählung. Gleichzeitig greift diese Erzählung jedoch traditionelle Vorstellungen über das Zusammenleben der Menschen auf. So behauptete Mitte des 17. Jahrhunderts der politische Theoretiker Thomas Hobbes in seinen Buch *Leviathan*, dass der Mensch dem Menschen ein Wolf sei und wir daher einen Staat bräuchten, um die ‚natürliche Unordnung und Gewalt‘ der Menschen untereinander zu regeln. Interessant ist an der Darstellung von Überlebenden einer Zombie-Apokalypse – wie es beispielsweise in der Fernsehserie *The Walking Dead* (seit 2010) geschieht –, dass es nur dieses eine negative Bild vom Menschen gibt; die Möglichkeit, dass die Überlebenden der Zombie-Apokalypse friedliche und demokratische Lebensgemeinschaften aufbauen, scheint in diesem Kontext nicht denkbar. Somit wird das, was politisch eigentlich diskutiert werden muss – wie die Gesellschaft durch die Menschen gestaltet werden kann – durch schockierende Darstellungen von Gewalt überlagert und aus dem Raum des Verhandelbaren herausgenommen (Engelkamp 2016, S. 56–57). Der Gewalt kommt eine tragende Rolle in dieser Art der Erzählung zu, da ihre Anwendung nicht nur als notwendig und unausweichlich dargestellt wird, sondern vielmehr auch ihre Überspitzung findet, indem die Zombies mitunter durch vollkommen ungeeignete Hilfsmittel getötet werden. So gehört das Töten von Zombies mit Bratpfannen und Golfschlägern auch zum festen Bestandteil von Computerspielen wie *Leaft 4 Dead* – ein Computerspiel, welches bewusst wie ein Zombiefilm aufgebaut ist und den Gruseleffekt durch die Eingebundenheit der Spielerinnen und Spieler noch verstärkt. Das zeigt, dass Zombies keine kranken Wesen sind und geheilt werden müssen, sondern vielmehr den Status von Nicht-Menschen haben, von Dingen, welche es mit allen Mitteln zu vernichten gilt. Dies spiegelt noch einmal eine andere Ebene der Darstellung der Zombie-Apokalypse wider und wird in Filmen überspitzt darin gezeigt, dass Charaktere ihre Angehörigen töten müssen, welche sich in Zombies verwandelt haben. Somit ist der Virus nicht nur etwas Äußeres, was geheilt werden kann, sondern ein Ausschluss aus dem, was das Mensch-Sein bestimmt (Agamben 2002).

An dieser Stelle drängt sich eine weitere mögliche Interpretation des Zombie-Hypes auf: der Zombie als Ausdruck einer subtilen Bedrohung durch den Terrorismus. Die Infektion durch den Virus kann in diesem Sinne als Platzhalter für spezifische Ideologien gesehen werden – d. h. als Platzhalter für eine politische, oder religiöse Weltsicht. Die Idee, dass prinzipiell jeder von der Seuche betroffen sein könnte, trifft dann mit einer Vorstellung des ‚notwendigen Auslöschens‘ der Bedrohung zusammen. Außerhalb der Zombielandschaft finden sich in Fernsehserien wie *Homeland* (seit 2011) oder *Family Guy* (seit 1999) immer wieder Thematisierungen des internationalen Terrorismus. So ist bei *Family Guy* die Darstellung von terroristischen Handlungen als psychische Störungen von Einzelpersonen ein wiederkehrendes Thema der Serie (Sändig 2016). Hierdurch wird eine Interpretation eines komplexen politischen Phänomens dem Publikum quasi vorgegeben. Aber auch die dargestellte Reaktion der Protagonisten auf Gefahren in diesen Serienformaten wird mitunter sehr einseitig beleuchtet und nicht selten auf eine mögliche Handlungsweise reduziert. So muss Jack Bauer in der Fernsehserie *24* (seit 2001) Gefahren und Anschläge immer wieder dadurch abwenden, dass er zur Methode der Folter greift. Da dies als einziger möglicher Ausweg des Protagonisten in den spezifischen Situationen dargestellt wird, entsteht auch eine Gewöhnung des Publikums an die wiederkehrende Folterung von anderen Personen in der Serie (Hill 2009). Hierdurch greift die Serie auch eine wichtige gesellschaftliche und politische Frage auf, wie weit einzelne Institutionen und Personen innerhalb des Rechtsstaats gehen dürfen, um eine Ordnung aufrecht zu erhalten und Gefahren abzuwenden. Das Problem der Darstellung von Folter von Terroristen oder das Töten von Zombies liegt nicht primär in der Darstellung selber, sondern spitzt sich vielmehr zu in der wiederholten Darstellung dieser ‚Lösungswege‘ als einziger Möglichkeit. Hierdurch werden Annahmen über den Menschen und über die Gesellschaft nicht durch Alternativen kontrastiert und eine Diskussion ausgelöst, sondern es wird ein einziger Weg wiederholt dargeboten. Wenn Politik als das Abwägen und Diskutieren unterschiedlicher Alternativen verstanden wird, verschwindet hier zunächst einmal das Politische in einem ersten Schritt aus derartigen Darstellungen in Filmen und Fernsehserien. In Form der Politik einer scheinbar alternativlosen Entscheidung kehrt das politische Moment jedoch im selben Moment durch die Hintertür zurück und verweist auf Politikerinnen und Politiker, welche Entscheidungen des politischen Tagesgeschäfts vor Nachrichtenkameras als alternativlos zu präsentieren versuchen.

Politische Kritik und gesellschaftliche Transformation 6

Zusammenfassung

Die Formen politische Kritik zu äußern sind vielfältig. Der Film als Medium ist daher sowohl eine Artikulationsform von Kritik, aber auch ein Medium, welches gesellschaftliche Einstellungen formt. Neben Politikern und Politik selber, sind aber auch Tabu-Themen wie beispielsweise der Tod oder die Homosexualität umkämpfte Themen in der cineastischen Darstellung und Projektionsfläche gesellschaftlicher Wandlungen.

Ein Blick in das Kinoprogramm zeigt, dass Filme über politische Ereignisse kaum an Reiz eingebüßt haben. Insbesondere geopolitische Großereignisse sind der Stoff, um welchen herum sich spannende Agententhriller und Geschichten von Verschwörung erzählen lassen. Aber es stehen auch immer wieder Politikerinnen und Politiker im Mittelpunkt von Filmen und Fernsehserien. Hier wird mitunter ein Bild gezeichnet, in welchem die modernen Demokratien sich scheinbar in den Iden des März befinden. So zeigt die Serie *House of Cards* (seit 2013) – basierend auf der gleichnamigen britischen Serie aus den 1980er Jahren – den Aufstieg des rücksichtslosen Politikers Frank Underwood zum mächtigsten Mann der Welt. Gerade die Verkörperung der Figur Underwood durch Kevin Spacey dürfte den Erfolg der Serie erklären. So verkörpert Frank Underwood all jene negativen Eigenschaften, mit welchen mitunter der Beruf des Politikers in der öffentlichen Wahrnehmung verknüpft wird: Opportunismus, Machtgier, strategisches Kalkül oder das Fehlen politischer oder moralischer Grundsätze. Underwood verkörpert in der Serie das, was in der Politikwissenschaft als post-demokratische Phase bezeichnet wird (u. a. Crouch 2008). Die Serie zeigt somit die Empfindung vieler Bürgerinnen und Bürger in den letzten Jahren, dass sich die Politik der Parlamente von den Sorgen und Nöten der Menschen entfernt habe. Zudem beziehen sich die Machtspiele von Underwood nicht auf die Durchsetzung politischer Inhalte, sondern

© Springer Fachmedien Wiesbaden 2016   23
U. Hamenstädt, *Politik und Film*, essentials, DOI 10.1007/978-3-658-12560-8_6

auf die Durchsetzung individueller Machtinteressen. Politiker scheinen demnach zunehmend unabhängig von ihrer parteipolitischen Orientierung zu agieren und die großen Parteien scheinen sich in Wahlkämpfen kaum noch zu unterscheiden – vielmehr erscheinen Wahlkämpfe als reine Inszenierung rund um die Gunst der Wählerstimme. Ob dieses Bild so stimmt, sei dahingestellt. Klar ist, dass *House of Cards* dieses Gefühl aufgreift und diesen Eindrücken ein konkretes Gesicht gibt.

Die US-amerikanischen Dramaserien *The Wire* (2002–2008) und *Treme* (2009–2013) thematisieren ebenfalls Probleme unterschiedlicher demokratischer Institutionen. *The Wire* zeichnet über fünf Staffeln hinweg ein politisch hoch problematisches Bild der Stadt Baltimore (Deylami und Havercroft 2014; Schröter 2012; Wheeler 2014). Die Städte Baltimore oder Detroit stehen seit Jahren sinnbildlich für den städtischen und damit auch für den politischen und sozialen Niedergang von einstigen Metropolen (Harvey 2015). Prozesse wie De-Industrialisierung, der Niedergang großer Firmen und die zunehmende Arbeitslosigkeit und Unsicherheit von Jobs werden oftmals mit dem Begriff der Globalisierung gefasst. Die Stadt Baltimore erscheint hier geradezu als Sinnbild einer sich nach unten drehenden Spirale (Bebnowski 2014), zunächst ökonomisch, dann auch gesellschaftlich und politisch. Serien wie *The Wire* geben diesem Begriff ein Gesicht. So wird in *The Wire* die Drogenkriminalität thematisiert (Staffel 1), die Jobsituation der Arbeiter im Seehafen (Staffel 2), das politische System (Staffel 3), das Schulsystem, welches sich auf das Testen von Lehrwissen konzentrieren muss, aber keine Ressourcen mehr hat, um die Schülerinnen und Schüler adäquat zu unterrichten (Staffel 4). Zuletzt wird auch der Wandel in der Presse (Staffel 5) beleuchtet; durch zunehmende wirtschaftliche Zwänge ist eine qualitativ hochwertige Berichterstattung für Bürgerinnen und Bürger fast unmöglich geworden. Anhand dieser Themenauswahl lässt sich die Entstehung der Serie nachvollziehen. So wurden keine professionellen Drehbuchautoren zum Schreiben der Serie eingesetzt, vielmehr wurde die Serie von einem Journalisten und einem Polizeireporter zusammen mit einem Lehrer und ehemaligen Polizisten geschrieben. Die Serie zeichnet sich nicht nur durch eine realistische Charakterzeichnung aus, sondern auch durch eine komplexe Handlung. Neben den persönlichen Geschichten der unterschiedlichen Charaktere, deren Bedeutung in der Erzählung über die Staffeln hinweg stark variiert, ist ein wiederkehrendes Thema, über den gesamten Verlauf der Serie, die destruktive Entwicklung der öffentlichen Verwaltung. Ein weiteres wiederkehrendes Thema von *The Wire* und *Treme* ist die Ohnmacht der Menschen gegenüber den anonymisierten Abläufen der städtischen Verwaltung; Menschen, welche Berufe des öffentlichen Dienstes ausüben oder sich sozial engagieren, sind durch ein paralysiertes System institutioneller Eigenlogik zur Handlungsunfähigkeit verdammt. In *Treme* wird dies für die Stadt New Orleans noch einmal zugespitzt. Während in *The Wire* die Stadt vor den Augen der politisch Verantwortlichen zerfällt, ist New Orleans nach dem Hurrikan Katrina bereits zerstört. Die Lebensfreude und Kreativität der Menschen, welche in der Stadt leben und die Idee einer kulturell vielfältigen Stadt aufrecht erhalten, wird mit den eher destruktiven Handlungen der politischen Entscheiderinnen und Entscheider kontrastiert. Immer wieder wird in der Serie der Vorwurf an die Politik formuliert, dass die Katastrophe als Möglichkeit genutzt würde, Segregation und Ausschluss ärmerer Bevölkerungsschichten aus der Stadt zu realisieren. Politik wird somit in einem Bild von Handlungsunwillen sowie in die Verstrickung von Korruption und persönlicher Bereicherung einiger Personen eingefügt. Dem gegenüber stehen die politischen Handlungen der Menschen in einem positiven Licht, welche die institutionalisierten Wege der Politikgestaltung verlassen. Deutlich wird dies bei *Treme*, wo insbesondere die Musik als alternative Artikulationsformen der Protagonisten dargestellt wird. Diese Wege erscheinen dann als wirklich politisch; beschritten von Menschen mit einem politischen Anliegen für die Menschen, welche in der Stadt leben.

Beide Dramaserien, *The Wire* und *Treme*, zeigen ein ambivalentes Bild unserer Gesellschaft: Einerseits sind die Handelnden Identifikationsfiguren. Der Plot der hier exemplarisch aufgezeigten Serien beruht über die Staffeln hinweg auf dem Versuch einer politischen Veränderung; die Figuren stellen sich gegen die Logik, mit welcher sie in ihrem (beruflichen) Alltag konfrontiert sind. Dies führt jedoch nicht immer zu einer erfolgreichen und besseren Welt, wie es das Abendprogramm in Fernsehen und Kino so oft anbietet. Im Gegenteil wird die Macht der politischen Institutionen beim Verhängen von Strafen für Grenzüberschreitungen deutlich dargestellt. Zum anderen bewegen sich die Protagonistinnen und Protagonisten auf ihren Wegen „gegen das System" auch oftmals außerhalb des gesellschaftlich und moralisch Akzeptablen. Somit werden fehlerhafte Verfahrensweisen des Systems in die Handlungen der Protagonistinnen und Protagonisten inkorporiert – vermeintliche Lösungen verbleiben als Insellösungen und zeigen ihrerseits Ambivalenzen auf.

Insgesamt liegt die Wirkungsmacht der gezeigten Bilder vor allem in der realistischen Darstellung der Charaktere und deren Interaktionen. Die Inhalte sind hoch politisch. Allgegenwärtig ist das Gefühl von Ohnmacht von und gegenüber den politischen Institutionen einer Stadt. Hierdurch sind Film und die Fernsehserie zum einen die Spiegelflächen gesellschaftlicher Einstellungen und sozialer Tendenzen. Umgekehrt wirken filmische Bilder aber immer auch formend auf gesellschaftliche Einstellungen – wie dies bereits oben diskutiert wurde. In letztem Sinne werden Filme und Serien auch immer wieder aufgegriffen, um eine gesellschaftliche Sensibilisierung für spezifische Themen zu schaffen. So thematisiert beispielsweise der Drehbuchautor Alan Ball immer wieder gesellschaftliche Tabus wie den Tod oder die Homosexualität. Bekannt ist Ball durch den Film *American Beauty* (1999) geworden. Der Protagonist, Lester Burnham, befindet sich in einer tiefen Midlife-Crisis, welche schließlich durch seinen frühzeitigen und gewaltsamen Tod endet. Die Erzählung der Geschichte legt ein Augenmerk auf unterschiedliche Formen von Unterdrückung in unserer Gesellschaft – vor allem aber auf die Formen, in welchen sich Menschen selbst unterdrücken. Hieraus möchte der Protagonist des Films ausbrechen. Burnham überspannt den Bogen jedoch, indem er sich auf einen Schlag von allen Zwängen und Konventionen loszusagen versucht. Der Film endet somit nicht nur mit dem Tode Lester Burnhams, sondern ebenfalls mit dem Scheitern des Versuchs, gesellschaftliche Konventionen radikal zu überwinden. Somit wird das Augenmerk von den gesellschaftlichen Zwängen und Konventionen auch auf die verstreichende Lebenszeit gerichtet. Hiermit ist auch immer die Frage verknüpft, wie diese durch uns genutzt wird. In der ersten Dramaserie von HBO, *Six Feet Under* (2001–2005), greift Alan Ball erneut das Thema des Todes auf. In einer Familiengeschichte, die über ein Bestattungsunternehmen in Südkalifornien erzählt wird, wollen Schauplatz und Inhalt nicht so recht zueinander passen. Erneut spielt neben dem Tod – jede Folge der Serie beginnt mit einem Todesfall, welcher das Grundthema der Folge aufzeigt – vor allem die Unterdrückung von Homosexualität eine wichtige Rolle. Dieses Thema ist immer auch an die grundlegende Frage von Glück in Lebensgemeinschaften gebunden und der offensiv anmutende Umgang mit gleichgeschlechtlichen Partnerschaften verfolgt insbesondere auf der Darstellungsebene einen konkreten Zweck: So wird das Miteinander von Menschen als herausforderungsvoll im Allgemeinen herausgestellt, ohne dass eine spezifische Form der Lebensgemeinschaft aus dieser Darstellung herausgenommen wird. Unterschiedliche Lebensentwürfe werden somit auf gleicher Ebene verhandelt.

Als der Film *Brokeback Mountain* (2005) in die Kinos kam, löste er erheblichen Protest aus. Insbesondere das religiös-konservative Milieu in den Vereinigten Staaten sah in dem Film eine Provokation, da eine Liebesgeschichte über schwule Cowboys gezeigt würde. Der Film ist aber vielmehr eine Kontrastierung unserer filmischen Sehgewohnheiten: Cowboys sind als Figuren fest in die Mythen und Erzählungen vom Wilden Westen eingebunden. Der Film zeigt eigentlich eine unglückliche Liebe, da sich einer der Liebenden nicht für die Beziehung entscheiden will oder kann. Es ist somit eigentlich der klassische Stoff für ein Liebesdrama und könnte auch über zwei Liebende aus unterschiedlichen gesellschaftlichen Schichten erzählt werden. Dass die Liebenden beide Cowboys sind, kratzt weniger am Bild des Cowboys, sondern vielmehr an der Funktion, welches das cineastische Bild des Cowboys erfüllt – dieses Bild wird beispielsweise auch in Zigarettenwerbungen verwendet. Mancherorts gab es bereits auf die Ankündigung des Films

Brokeback Mountain heftige Reaktionen. So wurde mitunter mit dem Anzünden von Kinosälen gedroht, in welchen der Film gezeigt werden sollte. Der politische Inhalt des Films liegt darin, dass zum einen ein Mythos angegriffen, zum anderen das Medium Film bewusst für eine Normalisierung der Wahrnehmung von Homosexualität genutzt wird. Somit sind Filme, auch mit fiktiver Geschichte, immer ein realitätsschaffendes Medium. Zuschauerinnen und Zuschauer können gut zwischen Realität und Fiktion in Filmen unterscheiden – gleichzeitig ermöglicht das Medium Film aber auch, verschwiegene Realitäten bewusst zu thematisieren. Somit kann nicht nur der gesellschaftspolitische Inhalt des Films selber betrachtet werden, sondern auch immer die Reaktion von Zuschauerinnen und Zuschauern auf das Thema.

Filme in der politischen Bildungsarbeit 7

Zusammenfassung

Nicht nur der kompetente Umgang mit Medien wird in der Bildungsarbeit immer bedeutender, auch haben Filme in der politischen Bildung seit vielen Jahren einen festen Platz. Nicht nur Dokumentationen und Filme mit explizit politischen Inhalten lassen sich didaktisch nutzen, auch können viele bekannte Formate so aufbereitet werden, dass sich ein Mehrwert in der Lehrsituation ergibt.

Film und Fernsehen sind in der politischen Bildungsarbeit bereits seit Jahren fest verankert. Die Literatur, welche sich allein mit den *Simpsons* (seit 1989) befasst, ist kaum noch zu überblicken. Ziel dieser Literatur ist es oftmals, Unterricht für Schülerinnen und Schüler greifbarer, vor allem aber interessanter und kreativer zu gestalten. Einige Publikationen in diesem Feld, scheinen jedoch eher im Fahrwasser gerade beliebter Fernseh- und Kinoformate zu schwimmen und selber weniger einen Anspruch auf besondere Kreativität zu verfolgen. Gleichzeitig gibt es zahlreiche positive Beispiele für Einsatzmöglichkeiten von Film und Fernsehen in der politischen Bildungsarbeit. Die Zugänge, welche gewählt werden können, sind vielfältig. Neben der Idee des Einsatzes von Filmen sollte aber immer die Zielgerichtetheit des Mediums in der Bildungsarbeit betrachtet werden; dies bedeutet, dass das Medium kein Selbstzweck sein kann, sondern stets ein klar definierbares Ziel in der Bildungsarbeit verfolgen sollte. Zudem muss die erforderliche Medienkompetenz bei der Zielgruppe vorhanden sein oder über den Einsatz von Filmen gezielt entwickelt werden. Gerade die Vielschichtigkeit des Mediums lässt sich in der Bildungsarbeit gut aufzeigen: Film ist immer eine Kombination von audio-visuellen Wahrnehmungen und ruft zahlreiche Emotionen bei den Zuschauerinnen und Zuschauern hervor. Zum einen werden über Filme gesellschaftliche und politische Sachverhalte interpretiert und dargestellt, zum anderen interpretiert und nimmt das Publikum diese Form der Darstellung auf eine spezifische und individuelle Weise

© Springer Fachmedien Wiesbaden 2016
U. Hamenstädt, *Politik und Film*, essentials, DOI 10.1007/978-3-658-12560-8_7

wahr. Somit ist immer auch eine Gefahr gegeben, wenn Filme oder Serien zum „Aufpeppen" von Unterricht verwendet werden, ohne dass das Medium selber zum Gegenstand eines reflektierten Zugangs gemacht wird.

Grundsätzlich eignen sich Filme und Fernsehserien in besonderer Weise für den Einsatz in Unterrichtssituationen, denn das Gezeigte ist zunächst einmal in gewisser Weise „theoriefrei". Erst durch Interpretation und Analyse lässt sich der Schritt zu gesellschaftlichen und politischen Themen vollziehen. Hier befinden sich Schülerinnen und Schüler, sowie Studentinnen und Studenten zumeist auf Augenhöhe mit dem Lehrpersonal. Wird dieser Prozess offen gestaltet, können zahlreiche Kompetenzen innerhalb der Lehrsituation angesprochen werden (Hamenstädt und Hellmann 2015). Gerade die Emotionalität vieler Bilder bietet hierbei zum einen eine Herausforderung (Besand 2014) – beispielsweise wenn es um Gewalt geht –, andererseits besteht die Möglichkeit, diejenigen in einer Lerngruppe anzusprechen, welche sich in klassischen Lernsituationen weniger aktiv in das Geschehen einbringen. Gleichzeitig eignen sich Filme aus kompetenzorientierter Sicht in keinerlei Hinsicht, um beispielsweise punktuell Zeiten in Vertretungssituationen zu überbrücken. Denn der Mehrwert des Einsatzes von Filmen liegt erst in der Realisierung langfristiger Lernziele, deren Weg klar geplant, durchgeführt und reflektiert werden muss. Ebenfalls sollte die Aktualität eines Films oder die gegenwärtige Beliebtheit einer Serie nicht dazu verleiten, sich als Lehrperson auf ein Thema um des Themas willen zu fokussieren, ohne dessen Nutzen für die Lernentwicklung der Lerngruppe klar vor Augen zu haben. Gleiches gilt für andere Medien wie Computerspiele, welche eine Schnelllebigkeit aufweisen, die eine mittel- bis langfristige Ausarbeitung von Unterrichtsreihen und Seminaren schwierig machen können. Gerade der Zeitaspekt – sei es nun die Aktualität, oder der Versuch, Zeiten im Unterricht zu überbrücken – hat zahlreiche schlechte Unterrichtsbeispiele hervorgebracht.

Gleichzeitig gibt es zahlreiche positive Beispiel für den Einsatz von Filmen in der politischen Bildungsarbeit. So bietet beispielsweise die Bundeszentrale für politische Bildung (bpb) ein breit gefächertes Angebot an Filmen in ihrer Mediathek an. In der Reihe *Filmhefte* sind zudem ausgesuchte Filme für die politische Bildungsarbeit in zugänglicher und hilfreicher Form aufbereitet. Dies zeigt, wie der Film einerseits als Medium der Darstellung von Politik und Gesellschaft genutzt werden kann, sich andererseits Filme aber auch als Dokumente der Zeit verstehen lassen. Ältere Dokumentationen und filmische Elemente aus der Vergangenheit sind klassische Materialien in der politischen Bildungsarbeit. Hier wird den Zuschauerinnen und Zuschauern deutlich, wie sich beispielsweise Wahrnehmungen von politischen Ereignissen über die Zeit ändern. Erfahrungen von Zeitgeschichte und deren spätere Wahrnehmung sind eng an Erzählungen gebunden und das Fernsehen übernimmt viele Aufgaben in Bezug auf dieses Erzählen von Geschichte oder Geschichten. Daher werden Guido Knopp-Formate wie Die Deutschen (2008 und 2010) mit ihren Vermengungen von Geschichte und Fiktion – auch als *History Fiction* bezeichnet – oftmals als schwierig betrachtet. Denn im Gegensatz zu historischen Romanen (*Historical Fiction*) ist der Anspruch nicht ein rein unterhaltender, sondern immer auch ein politischer: die deutsche Geschichte wird anhand von historischen Personen dargestellt und skizziert. Hierdurch wird dem Publikum eine hohe Medienkompetenz abverlangt, durch welche sie die fiktiven von den realen Erzählungen für sich unterscheidbar machen können. Diese Kompetenz in Bezug auf das Medium Film – wie auch bei anderen Medien – muss erst einmal erworben werden. Gerade in Bezug auf historische und politische Inhalte muss hier mit einer erhöhten Sensibilität gearbeitet werden, welche die unter kommerziellen Erwägungen produzierten Formate nicht immer aufweisen.

Als Beispiel für den politik-didaktischen Einsatz von Filmen lassen sich an dieser Stelle drei Romanverfilmungen von George Orwell anführen. Orwells erster Roman *Mein Katalonien* über seine Erfahrungen als Volksfrontkämpfer im Spanischen Bürgerkrieg wurde unter dem Titel *Land And Freedom* (1995) durch Ken Loach verfilmt. Der Film zeigt in Rückblenden biografische Erfahrungen von George Orwell kurz vor Beginn des Zweiten Weltkriegs. Orwell, der als Freiwilliger in den Internationalen Brigaden für die marxistische POUM (Partit Obrer d'Unificació Marxista, „Arbeiterpartei der Marxistischen Einheit") kämpfte, beschreibt eindringlich die Motivation junger Menschen, sich am Kampf gegen den Faschismus zu beteiligen. Gleichzeitig werden im Verlauf des Filmes auch die unterschiedlichen ideologischen Linien zwischen den Volksfrontgruppen deutlich. Insbesondere das Vorgehen der Stalinisten gegen die anderen Gruppen wird eindringlich dargelegt und als maßgebendes Moment für den Zusammenbruch der Volksfront geschildert. Der Stalinismus bleibt in Orwells Romanen ein zentrales Motiv. So erzählt *Animal Farm – Aufstand der Tiere* (1954) neben der russischen Revolution vor allem den Wandel der Sowjetunion unter dem Stalinismus und *1984* (1956) lässt den totalitären Überwachungsstaat in einer düsteren Dystrophie auferstehen (Westphal 2016). Die Verfilmungen der beiden wohl bekanntesten Romane von Orwell zeigen zum einen den Wandlungsprozess vom Leninismus zum Stalinismus – eine Unterscheidung, die heute historisch nicht immer trennscharf zu fassen ist – und sorgen dafür, dass politische Geschichte noch einmal auf einer anderen Ebene erfahrbar wird. Insbesondere zeichnen sich alle drei hier genannten Filme durch die emotionale und eindringliche Darstellung von Geschichte aus, wenngleich sie stark fiktive Elemente aufweisen. Zum anderen zeigt beispielsweise *1984* mit dem Thema der allgegenwärtigen Überwachung und gleichzeitigen „Informations"-Überflutung Parallelen zu aktuellen politischen Diskussionen auf.

Sich diesen Inhalten über zeitgeschichtliche Dokumente zu nähern, eröffnet der politischen Bildungsarbeit noch einmal neue Perspektiven.

Insgesamt ließe sich die Frage nach der Rolle und der Bedeutung von Filmen in der politischen Bildungsarbeit damit zusammenfassen, dass der Einsatz von Filmen hier einerseits zeitaufwendig, aber gleichzeitig lohnenswert ist. Mittlerweile gibt es zahlreiche Beispiele und Ansätze, um eine Brücke zwischen populären Filmen und dem Klassenraum zu schlagen (Blanton 2013; Neumann und Nexon 2006; Swimelar 2013). Filme sollten in Lehrsituationen jedoch nie Mittel zum Zweck sein. Das Lernziel sollte nicht dem Einsatz des Mediums untergeordnet werden, sondern die Auswahl der ergänzenden didaktischen Materialien leiten.

Abschließende Betrachtungen 8

Zusammenfassung

Filme befinden sich auf der Schwelle zwischen Realität und Fiktion. Die Inhalte sind nicht selten viel politischer als sie bei einer ersten Betrachtung erscheinen. Hierdurch sind Zuschauerinnen und Zuschauer aktiv gefordert, da unterschiedliche Zugänge zu Filmen und Fernsehserien gewählt werden können, um den politischen Inhalt zu erfahren.

Die Lebensbedingungen der Arbeiterklasse und der Untergang der Industrie im Norden Englands sind in den vergangenen Jahren Gegenstand zahlreicher britischer Fernsehserien gewesen. Forscherinnen und Forscher, welche über unterschiedliche Entwicklungswege von Industriestädten forschen, stellen zunehmend fest, dass es bei den Interviews in Nordengland wiederkehrende Erzählungen der Bevölkerung gibt. Diese Erzählungen der Interviewten orientieren sich an der Erzählstruktur dieser Serien (Löw 2012, S. 59). Somit thematisieren diese Serien nicht nur das Erleben der Menschen, sondern bieten das Vokabular und die erzählerischen Strukturen an, Lebensrealität zu erfassen.

Filme und Fernsehserien bewegen sich somit immer auf einer Schwelle zwischen einer Spiegelung unserer Welt und der Neuinterpretation dieser; Filme und Fernsehserien könnten nicht überzeugen, wenn sie nicht Grundthemen und die Logik unseres Alltags aufnehmen würden. Selbst Science-Fiction muss sich letztendlich immer auf unsere Alltagswelt beziehen, um uns mit den Geschichten in den Bann ziehen zu können. Somit steckt in jeder Form von Phantasie auch immer ein gehöriges Stück Realität. Gerade wenn Formate wie *Star Trek* oder *Game of Thrones* scheinbar fiktive Welten für uns entwerfen, sind es doch immer die Bezüge zu unserer realen Welt, welche die Geschichten greifbar machen. Die James Bond-Filme oder die Serie *House of Cards* machen deutlich, wie geopolitische Krisen oder die Veränderung der repräsentativen Demokratie als Hintergrundgeschichten

© Springer Fachmedien Wiesbaden 2016

U. Hamenstädt, *Politik und Film*, essentials, DOI 10.1007/978-3-658-12560-8_8

genutzt werden. Auf dieser Grundlage werden dann fiktive Elemente eingeflochten. Diese Fiktion schafft auch immer wieder Realität und lässt Politik und politische Ereignisse in einem konkreten Kontext erfahrbar werden. Es werden Deutungsmuster und Interpretationen durch den Aufbau und die Erzählweise von Geschichten vorgegeben. Somit sind Filme und Fernsehserien immer auch Ausdruck der Wahrnehmung von Politik und formen diese Wahrnehmung gleichermaßen. Ein ähnlicher Bezug lässt sich mit Blick auf die Zuschauerinnen und Zuschauer festhalten: Filme sind immer auch Fenster auf die Realität. Besonders deutlich wird dies bei Dokumentationen. Gleichzeitig wird aber auch ein Rahmen zur Interpretation angeboten; bei Diskussionen über Filme stellt sich nicht selten heraus, dass unterschiedliche Dinge in einen Film „hineingelesen" werden können.

Somit ist für den Bezug zwischen Politik und Film wichtig festzuhalten, dass viele Formate, die sich als unpolitisch oder als Fiktion geben, oftmals mehr Bezüge zur konkreten Realität haben und politischer sind, als dies zunächst den Anschein haben mag. Gerade wenn mit den Ängsten des Publikums gearbeitet wird – beispielsweise in Bezug auf geopolitische Krisen wie Epidemien oder den internationalen Terrorismus – wird das Medium Film als Vermittler von Weltsichten interessant. Gerade das, was nicht gezeigt oder diskutiert wird, kann hier das Spannendste sein. Wenn Zombie-Filme infizierte Menschen als Dinge zeigen und sich in den Gruppen von Überlebenden Machthierarchien bilden, ist dies immer auch ein Spiegel konkreter politischer Vorstellungen.

In den letzten Jahren lässt sich zudem ein Wandel des Mediums betrachten. Während kommerziell produzierte Blockbuster nach eingeschliffenen Erzählmustern mitunter die Kinokassen nicht mehr füllen, haben sich politische Dokumentationen im Kinoformat etabliert. Zudem kommt den Fernsehserien eine neue Bedeutung zu. Umfangreiche Dramenerzählungen mit ausführlichen Charakterentwicklungen haben mittlerweile den Status von Qualitätsproduktionen erreicht. Nicht zuletzt durch diesen Wandel, haben Film und Fernsehen in den vergangen Jahren zunehmend die Aufmerksamkeit von Sozialwissenschaftlerinnen und Sozialwissenschaftlern angesprochen. Die Verbindung von Film und Politik findet in der Wissenschaft daher zunehmend Beachtung.

Aus dem Blick sollte hierbei nicht geraten, dass auch ein Wandel der Sehgewohnheiten des Publikums eingetreten ist. Die Verfügbarkeit und der Zugang zu Filmen und Serienformaten via Internet haben den Markt verändert. Somit muss auch die politische Bildungsarbeit mitunter neu ausgerichtet werden. Es sollte zum einen darum gehen, einen kompetenten Umgang mit dem Medium Film zu fördern und hierbei gerade auch die Sensibilität für den politischen Gehalt scheinbar unpolitischer Formate (Stichwort: Zombie-Filme und globale Krisen) zu erhöhen. Zum anderen wird die Vielfältigkeit des Mediums Film in der politischen Bildungsarbeit und in der Didaktik noch nicht vollends ausgeschöpft. Wenngleich dies ein aufwendiger Prozess ist, kann es sehr lohnenswert sein.

Was Sie aus diesem essential mitnehmen können

- Dass Filme und Fernsehserien in den letzten Jahren zunehmend Gegenstand wissenschaftlicher Betrachtungen geworden sind. Dieser Überblick zeigt auf, wie vielfältig diese Analysen in Bezug auf das Zusammenspiel von Politik und Film sind, wodurch zentrale Forschungsergebnisse aus diesem Feld in diesem Beitrag vorgestellt und skizziert werden.
- Die Formate von Filmen, Fernsehserien und Dokumentation haben sich in den letzten Jahren stark verändert – genau wie die Sehgewohnheiten des Publikums. Hierdurch ist das Medium Film in Wissenschaft und politischer Bildungsarbeit noch einmal unter neuen Gesichtspunkten in das Feld der (wissenschaftlichen) Aufmerksamkeit gerückt.
- Filme können sowohl ein Fenster auf die Welt sein als auch der Rahmen, in welchem sich unsere Konstruktionen von der Welt abspielen. Beide Elemente müssen im Blick behalten werden, wenn über die Verbindung zwischen Film und Politik gesprochen wird.
- Filme spielen mit den Ängsten und Befürchtungen ihres Publikums. Globale Bedrohungsszenarien und populäre Feindbilder werden durch Filme und Fernsehserien zum einen aufgegriffen, zum anderen aber auch anhand von „beliebten Erzählungen" reproduziert und sogar erzeugt.
- Filme bieten sich in der politischen Bildungsarbeit als Medium an. Zum einen können Filme Emotionen, sowie das Interesse für zahlreiche Themen wecken, zum anderen gezielt dazu eingesetzt werden, Medienkompetenzen zu vermitteln.

© Springer Fachmedien Wiesbaden 2016
U. Hamenstädt, *Politik und Film*, essentials, DOI 10.1007/978-3-658-12560-8

Zum Weiterlesen

Elsaesser, Thomas und Malte Hagener. 2011. Filmtheorie. Zur Einführung. 3. Auflage. Hamburg: Junius.
Filme können aus unterschiedlichen Perspektiven theoretisiert werden. Dieses Buch behandelt die Theorie des Films selber. Zugänglich und interessant geschrieben bietet das Buch eine Geschichte der Filmtheorie an. Hierbei stehen Filme, welche die jeweilige Zeit geprägt haben, sowie einzelne Aspekte aus konkreten Filmen im Mittelpunkt der Betrachtung. Dies macht das Buch auch ohne Vorkenntnisse gut zugänglich.

Hamenstädt, Ulrich. 2014. Politische Ökonomie im Film. Wiesbaden: VS Verlag.
Das Buch ist im politikdidaktischen Kontext entstanden und richtet sich an interessierte Studierende und Dozierende – nicht nur aus der Politikwissenschaft. Kritische Denkerinnen und Denker im Feld der politischen Ökonomie haben uns mitunter sehr schwer zugängliche Werke hinterlassen. Das Buch nimmt sich Denker wie Michel Foucault oder Antonio Gramsci vor und erläutert Kernaspekte ihrer Theorien. Diese Publikation kann als Grundlage zur Planung eines Seminars verwendet werden, es kann einzelne Lehreinheiten bereichern, aber auch zum Selbststudium und zur Einführung dienen.

Kort, Helmut. 2004. Einführung in die Systematische Filmanalyse. Ein Arbeitsbuch. 3. Auflage. Berlin: Erich Schmidt Verlag.
Das Buch führt in die systematische Analyse von Filmen ein. Hier steht primär die Filmtechnik im Mittelpunkt und somit richtet sich auch dieses Buch vorwiegend an eine Leserschaft, die sich für diese Aspekte des Filmgenusses interessiert. Anhand von vier Beispielen – *Zabriskie Point* (1969), *Misery* (1990), *Schindlers Liste* (1993), sowie *Romeo und Julia* (1996) – wird das Konzept der systematischen

© Springer Fachmedien Wiesbaden 2016
U. Hamenstädt, *Politik und Film,* essentials, DOI 10.1007/978-3-658-12560-8

Filmanalyse erläutert. Hierdurch werden auch zahlreiche interessante Details und Hintergrundinformationen zu den Filmen gegeben.

Neumann, Iver B. und Daniel H. Nexon. 2006. Harry Potter and International Relations. Lanham: Rowman & Littlefield Publishers.
Hier führen zwei renommierte Politikwissenschaftler in die Welt von Hogwarts ein. Es geht dabei nicht um Zauberei, sondern um globale Politik. Das Buch ist ein gelungenes Beispiel, wie eine populäre Filmreihe aus unterschiedlichen Perspektiven analysiert werden kann. Gelungen ist insbesondere auch die Einleitung, welche noch einmal unterschiedliche Zugänge zu der Verbindung von Politik und Film herausarbeitet.

Zudem hat 2012 der renommierte Wissenschaftsverlag Routledge eine Buchreihe ins Leben gerufen, welche der zunehmenden Begeisterung der Verbindung zwischen Politik und Film Rechnung trägt. In der Reihe *Popular Culture and World Politics* erscheinen Aufsatzsammlungen und Bücher zu allen Themen der globalen Politik und deren Repräsentation in Filmen und Fernsehserien. Im angelsächsischen Raum hat sich zudem die Fachzeitschrift *International Studies Perspectives* als Publikationsorgan für Aufsätze rund um das Thema Politik und Film etabliert. Im deutschsprachigen Raum ist kürzlich in der Zeitschrift INDES – Zeitschrift für Politik und Gesellschaft (Heft 4-2014) – eine Ausgabe zu Politikserien erschienen, wo die Diskussion um Fernsehserien weiter aufgegriffen wird.

Literatur

Adanalı YA, Gribat N (2015) Das Unsichtbare sichtbar machen. Die Networks of Dispossession kartieren türkische Stadtentwicklungsprozesse. Ein Interview mit Yaşar Adnan Adanalı. Suburban 3(1):153–164

Agamben G (2002) Homo sacer. Die souveräne Macht und das nackte Leben. Suhrkamp, Frankfurt a. M.

Bebnowski D (2014) Grosses, Linkes Kino. The Wire als Portrait des Oben und Unten US-amerikanischer Politik. INDES 3(4):69–77

Besand A (2014) Gefühle über Gefühle. Zum Verhältnis von Emotionalität und Rationalität in der politischen Bildung. ZPol 24(3):373–383

Blanton RG (2013) Zombies and international relations: a simple guide for bringing the undead into your classroom. Int Stud Perspect 14(1):1–13

Crouch C (2008) Postdemokratie. Suhrkamp, Frankfurt a. M.

Dellwing M, Harbusch M (Hrsg) (2015) Vergemeinschaftung in Zeiten der Zombie-Apokalypse. Gesellschaftskonstruktionen am fantastischen Anderen. Springer VS, Wiesbaden

Deylami S, Havercroft J (Hrsg) (2014) The politics of HBO's the wire. Routledge, London

Drezner DW (2011) Theories of international politics and zombies. Princeton University Press, Princeton

Elsaesser T, Hagener M (2011) Filmtheorie. Zur Einführung, 3. Aufl. Junius, Hamburg

Engelkamp S (2016) Agamben und die Politik der Ausnahme in The Batman. In: Hamenstädt U (Hrsg) Politische Theorie im Film. Springer VS, Wiesbaden, S 39–58

Engelkamp S, Offermann P (2012) It's a family affair: Germany as a responsible actor in popular culture discourse. Int Stud Perspect 13(3):235–253

Foucault M (2012) Schriften zur Medientheorie. Suhrkamp, Frankfurt a. M.

Franke U, Schiltz K (2013) „They Don't Really Care About Us!" on political worldviews in popular music. Int Stud Perspect 14(1):39–55

Garten A (2013) Trage es wie eine Rüstung. Sexualität und Behinderung in der Fernsehserie ‚Game of Thrones'. Behindertenpolitik, Spezial der Tageszeitung junge Welt, Mittwoch, 18. Dezember 2013, Nr. 293

Hamenstädt U (2014) Politische Ökonomie im Film. Springer VS, Wiesbaden

Hamenstädt U, Engelkamp S (2016) Memento Reloaded: Constructivism vs. Historical Materialism. In: Hamenstädt U (Hrsg) Politische Theorie im Film. Springer VS, Wiesbaden, S 213–233

© Springer Fachmedien Wiesbaden 2016

U. Hamenstädt, *Politik und Film*, essentials, DOI 10.1007/978-3-658-12560-8

Hamenstädt U, Hellmann JH (2015) It's the movies, stupid! Filme in der Didaktik der Internationalen Beziehungen. Z Int Bezieh 22(2):149–167

Harvey D (2015) Kapitalisten mögen keinen Wettbewerb. Philos Mag 4:71–74

Hill TG (2009) Terror, torture, and 24: does Jack Bauer raise your personal „Threat Level"? Paper from the MPSA meeting, Chicago 2–5/04/2009. http://www.doane.edu/sites/default/files/media/Documents/PDFs/24%20Study.pdf. Zugegriffen: 9. April 2015

Horkheimer M, Adorno TW (1969/2006) Kulturindustrie, Aufklärung als Massenbetrug. In: Horkheimer M, Adorno TW (Hrsg) Dialektik der Aufklärung, 10. Aufl. Suhrkamp, Frankfurt a. M., S 128–176

Laucht C (2013) Britannia rules the atom: the James Bond phenomenon and postwar British nuclear culture. J Pop Cult 46(2):358–377

Lemke G (2006) We feed the world. Filmheft. Bundeszentrale für politische Bildung, Bonn

Löw M (2012) Soziologie der Städte, 2. Aufl. Suhrkamp, Frankurt a. M.

Lux J (2016) „No pretty ladies on the sofa?" Geschlechterrollen und Gewalt in „A Game of Thrones"/„A Song of Ice and Fire" – ein feministischer Blick. In: Hamenstädt U (Hrsg) Politische Theorie im film. Springer VS, Wiesbaden, S 91–113

Kiersey NJ, Neumann IB (Hrsg) (2013) Battlestar Galactica and International Relations. Routledge, London

Kramer S (2004) Walter Benjamin. Zur Einführung, 2. Aufl. Junius Verlag, Hamburg.

Macleod A (2014) The contemporary fictional police detective as critical security analyst: insecurity and immigration in the novels of Henning Mankell and Andrea Camilleri. Secur Dialogue 45(6):515–529

Martin S (2013) Denken im Wiederspruch. Theorie und Praxis nonkonformistischer Intellektueller. Westfälisches Dampfboot, Münster

Neumann IB, Daniel HN (2006) Harry potter and international relations. Rowman & Littlefield Publishers, Lanham

Price TJ (2004) The changing image of the soviets in the bond saga: from bond-villains to „Acceptable Role Partners". J Pop Cult 26(1):17–34

Rosa H (2005) Beschleunigung. Die Veränderung der Zeitstrukturen in der Moderne. Suhrkamp, Frankfurt a. M.

Rushton S, Duten AJ (2016) The omega man, colonialism, and global health. In: Hamenstädt U (Hrsg) Politische Theorie im Film. Springer VS, Wiesbaden, S 195–211

Sändig J (2016) 9/11 und die Ursachen von Terrorismus in der animierten TV-Serie Family Guy. In: Hamenstädt U (Hrsg) Politische Theorie im Film. Wiesbaden: Springer VS, S 141–168.

Schröter J (2012) Verdrahtet. The Wire und der Kampf um die Medien. Kultur & Kritik 6. Bertz + Fischer Verlag, Berlin

Shapiro MJ (1999) Cinematic political thought. Narrating race, nation and gender. Edinburgh University Press, Edinburgh

Shapiro MJ (2009) Cinematic geopolitics. Routledge, London

Shepherd LJ (2013) Gender, violence and popular culture. Telling stories. Routledge, London

Stetter S, Herschinger E (2016) Die Ambivalenz von Ordnung und Identität: James Bond und die internationale Politik. In: Hamenstädt U (Hrsg) Politische Theorie im Film. Springer VS, Wiesbaden, S 169–194

Strohmeier G (2005) Politik bei Benjamin Blümchen und Bibi Blocksberg. In: Belwe K (Hrsg) Sozialisation von Kindern. Aus Politik und Zeitgeschichte 41/2005, Oktober 10th, 2005. 7–15

Swimelar S (2013) Visualizing international relations: assessing student learning through film. Int Stud Perspect 14(1):14–38

Weber C (2006) Imagining America at war. Morality, politics and film. Routledge, London

Weber C (2009) International relations theory. A critical introduction, 3. Aufl. Routledge, London

Westphal M (2016) Antagonismus auf der Animal Farm. In: Hamenstädt U (Hrsg) Politische Theorie im Film. Springer VS, Wiesbaden, S 253–275

Wheeler M (2014) A city upon a hill, the wire and its distillation of the united states polity. Politics 34(3):237–247

Wilson J (2015) Neoliberal nightmares. Spectr J Glob Stud 7(1):78–90